明治図書

できる教師の指導技術大全

こうすれば日常が輝く！・スキル＆ハック

森川正樹
教師塾「あまから」

Introduction
プロとしての本当の「指導技術」を身につけよう

教室で子どもたちと対峙したとき、自分自身を支えるのは、それまでに「学び」→「実践」→「振り返り」のサイクルから手に入れた「小さな技術」の集積です。

「技術」は、実践（経験）を通して初めて自分自身のものになります。

そして、その「技術」は、自分の担当している子たちや、担任をしているクラスの子に合わせて使用する（調整する）ことで、「子どもたちのためのもの」となります。

①クラスの子たち ＞ 技術
②クラスの子たち ＜ 技術

①は、クラスの子たちに寄り添った「技術」、②は、クラスの子たちを「技術」に当て

はめようとしたものですね。

「技術」はプロ教師として生きている以上、必要なものです。

その上で、自分の関わっている子どもたちの姿を見ながらうまく調整し、アレンジしていく必要があります。


本書は、プロとして、きちんと実践をくぐらせた「技術」の集積となりました。「教師塾あまから」の著作第二弾となります。

内容は、駆け出しの先生にも読みやすく、勢いに乗っている先生にも改めてご自身の実践を振り返っていただけるように書かれています。「学級づくり」「授業づくり」「関係づくり」「仕事」にわたる幅広い「技術」が展開されます。


今回も、教師の本道は「授業」であるという気持ちで、共に学んできた「教師塾あまから」のメンバーとともに書きました。**「学び」から「振り返り」のサイクルを通して効果を実感した「技術」**ばかりとなりました。

本当の指導技術です。

昨今、ＳＮＳの浸透で誰でも実践を手軽に発信できるようになりました。

そのこと自体はよいことだと思うのですが、中には「まとめが美しいだけ」「経験年数が浅く、中身も浅いパッケージ」「子どもの姿が見えてこない」といった発信も見受けられます。

日本の未来を担う子どもたちに、〈直接・直〉に接する私たちは、なかなかに責任の大きな仕事をしています。日々の授業にかける熱意はもちろん、参考とする実践を見極める審美眼が求められる時代となりました。


私が教師になってからつい最近までは、「授業してなんぼ」「実践を世に問うのは実名で」「子どもの事実で勝負」ということをきちんと言ってくれる先輩が存在しました。

私も授業を公開したり、飛び込み授業をしたりしてきました。

また、研修会やセミナー、勉強会で自分が関わった子どもたちの姿を通した最新の実践を提案しています。


授業は難しく、プロ教師への峰は高いですが、本書はそのような志を掲げた教師の「具体の塊」となりました。ぜひ一作目とあわせて読んでいただければ幸いです。

今日も教室に行くと、「先生！」と声をかけてくれる子どもたちがいることに感謝。

森川正樹

Contents

Chapter 2 できる教師の授業づくりの指導技術

Chapter 3

できる教師の
関係づくりの指導技術

Chapter 4

できる教師の仕事の技術

できる教師の
学級づくりの
指導技術

Chapter 1

毎朝、教室で全員にひと声かける

コロナ禍を通して私が学んだことの一つ。

「毎朝、全員にひと声かけることの大切さ」です。

それまでも、朝は必ず子どもより早く教室に来て、子どもたちの登校を出迎えていました。

コロナ中、子どもたちは毎朝家で検温をしてから健康観察表に記入し、それを学校に持ってくるという一年がありました。そのときに、教室の入り口に机を置いて、私もそこに座って待つことにしました。

全員とあいさつをするためです。

子どもたちが教室に入る前に、オープンスペースでランドセルを開け、健康観察表を出してから入室するシステムをつくりました。

そのときに、子どもは「昨日、こんなことがあって……」と話し始めます。天気の話、飼っている犬の話、家族の話……。

自分から声をかけにくい子には、私から話しかけます。

食物アレルギーがある子は、除去食の日もあるので、毎朝確認しました。

一年間続けて、全員と毎朝あいさつができましたし、朝の登校の表情、登校時間の微妙な変化で何かがあったのだなと察することができ、早めの対応をすることができたこともありました。

そこで、次の年からは健康観察表はなくなりましたが、毎朝全員にあいさつすることを続けることにしました。

子どもたちには、年度当初に一つ、約束をするだけです。


「朝来たら、前の扉から入ってね」


そうして教師机を前の扉から入ってすぐの場所に置き、登校を笑顔で出迎えています。

教師は必ず全員の子と顔を合わせることになります。

一日六時間授業があっても、わかっていてもなかなか全員と話をすることは難しいです。

高学年は、教科によって担任が代わる時間も多いため、ますます言葉を交わす時間がありません。

だからこそ、せめて朝のあいさつだけは一人ずつと交わしたい。ほんの少しでも話をしたい。そう意識して過ごしています。


（千原まゆみ）

教室掲示で自立を促す

帰りの会が終わって職員室に行く前に、子どもたちのノートを見ておきたい――そのような、学校でしかできないことを退勤時刻までにしたいものです。そこで（学年によりますが）、子どもたちが自分たちだけで学校生活を送ることもねらって、教室掲示から見直すことを考えました。

例えば、給食当番の掲示物。私自身が掲示物をつくるのがうまくないこともあり、掲示物の必要性を考えました。この掲示物が必要なのは週明けだけ。子どもたちも、ないならないなりに行動できそうだと感じました。そこで、週明けの給食直前に、当番の子どもの名前を発表することにしました。

この方法でやってみると、子どもたちは、何度も確認することなく、すんなり覚えることができました。（当番が替わるとき、順番に繰り下がっていくだけというシステムなので予想がつくからかもしれません。）さらに、もし月曜日に欠席した子どもが当番だった場合は、その子が登校してきたときにペアの当番の子が「今週、当番だよ」と声をかけてくれていました。そして週の間で欠席した場合は、「当番が足りないです」「○○さんは休みだから手伝います」のやりとりが、子どもたちの中からスムーズに行われていました。掲示物を省くからこそ、子どもたちに主体性が生まれたのです。

教室をぐるりと見回してみて掲示されているものは、学校で掲示することが決まっている給食の献立表や学校で取り組んでいることなど以外は、背面に①子どもたちの作品（書写習字・図画工作・国語など）、②学級目標（その時期に応じて変化させていく、ずっと同じものを掲示し続けない）、③学校で決められたその週の活動を呼びかけるポスター（意識をもたせるために）、側面に④係活動表（係活動ごとの用紙、お知らせを貼っていく）の四種類でした。

新一年生や新学期は、仕組みやルールを教えるときですので、安心のためにも掲示物が必要です。しかし、時には不親切でもいいものは不親切にして、自立していくことのできる力の育成につなげていくことも可能です。

（田上尚美）

掲示物にしゃべらせる

表

裏

上の写真（表）を見てください。黒板の掲示物です。裏にすると左のようになっています。たったこれだけです。普段は右側。勤務校は毎朝、十五分漢字学習を行っています。子どもは漢字ドリルを用意します。

左側の日は、全校朝会や学年集会がある日や、臨時で別の予定が入る日です。

臨時で何かあるのだな、ということがひと目でわかります。この掲示の横に「全校朝会　〇分から移動」と書いておけば、それだけで伝わります。

教師があれもこれも口頭で伝えようとすると、伝えきれないことがありますし、全員に完全に伝えきれていないことはよくあるものです。

「聞いていなかったの？」「ちゃんと聞いてください！」

①

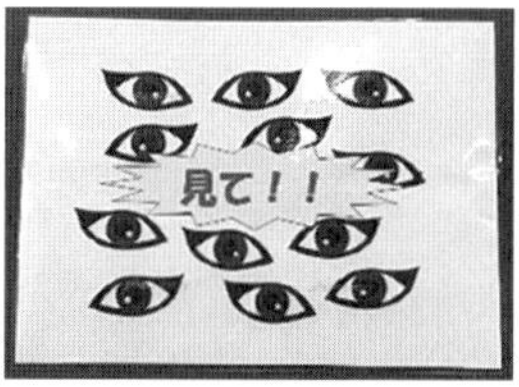

② 表

③ 裏

などと注意をすることが多くならないように、先手を打つのです。

掲示物にしゃべらせると、教師の声かけが少なくてすみますし、毎回黒板に書いて連絡しなくてもいいので時短にもなります。

ただし、前提として、「黒板に連絡が書いてあるときは必ず読む」ことを習慣にさせる必要があります。

そのために、四月から継続して習慣にする手立てをとります。

「この日（①）が貼ってあったら、必ず黒板を読みましょう」と伝え、短い連絡を書いておきます。そして連絡事項を消してから「何て書いてあったか読んだ人？」と必ず確認をして、読んでいた子をほめるのです。これが習慣になるまで続けます。習慣になれば掲示物を貼るだけでよくなります。

②③の掲示物は、ノートを配ってほしいときに貼ります。

②を貼っているのに配られていないときは、黙って裏③を向けるだけです。

（うわぁ、怖い！　怒ってる！　早く配らないと！）

子どもたちは大慌て。急いで配ります。

目くじらをたてて注意しなくてもいい、黒板にしゃべらせるユーモア指示の一例です。

（千原まゆみ）

絵本で学級づくり［春］

春，いよいよ新学期のスタートです。
ここでは学級づくりや
子どもたちの心を育てるのに役立つ
絵本を紹介します。

『おおきくなるっていうことは』
中川ひろたか 文，村上康成 絵
童心社

学級開きにはもってこいの絵本。もう何年も読んでいるので、たまには違う絵本も……と思いつつ、なかなかこれに勝る本が見つかりません。

「おおきくなるっていうことは　○○○ってこと」というフレーズを何度も聞く中で、子どもたちは**自分**

の成長を問い直します。と同時に、**はりきって新たな学年のスタートを切るきっかけ**ともなります。そして私自身も最後に「またひとつおおきくなった。おめでとう、みんな」と子どもたちにエールを送ることができます。

『ねえ，どれがいい？』
ジョン・バーニンガム 作，まつかわまゆみ 訳
評論社

「2000円でイバラにとびこむのと、10000円でしんだカエルをのみこむのと、20000円でおばけやしきにとまるのとどれがいい？」といった、「どれもイヤ！」と言いたくなる質問が延々と続く絵本です。でも子どもは「エーッ」と言いながら、実に様々な理由をつけて答えを選びます。**意見が他人と違っても構わない。お互いの意見を尊重しつつ、自分の思いを遠慮せずに主張しよう。**そんな学びの姿勢を楽しみながら身につけることができます。

『教室はまちがうところだ』
蒔田晋治 作, 長谷川知子 絵
子どもの未来社

言わずと知れたロングセラー絵本。「間違うことは悪」と思っている子どもは、どの学年にもいるものです。「まちがうことをおそれちゃいけない　まちがったものをわらっちゃいけない」「安心して手をあげろ　安心してまちがえや」「そんな教室作ろうやあ」何度でも繰り返して子どもたちに伝えたいメッセージが詰まっています。

（中西　毅）

教師の立ち位置には意図をもつ

「かまぼこ先生」という言葉があります。黒板の前にかまぼこのようにずっと貼り付いている先生のことです。もちろん、そんなこともありますが、大切なのは、そこにいる意図を明確にもっているかどうかです。

①黒板の前

当たり前の話ですが、板書するのに適しています。問題点としては、発表する子どもが教師（黒板）の方を向いて話してしまうことです。発表しているときは、教師が子どものそばに立つことや、「周りを見てごらん」と声をかけたり、発表者の後ろに立って目線を教室全体を見回すように動かしたりすることが大切です。

②教室の真ん中（子どものそばへ行く）

ちょっとした圧になります（笑）。手遊びしている子や、心ここにあらずの子のそばに行くことでピリッとします。また、発表者に周りを見る意識をもたせるために、周りにいる子どものそばに行き、発表者の目線をコントロールすることもできます。さらに、児童の間に席を一つ用意して、話し合いのときに教師がそこに座って、一緒に考えている姿をあえて見せることもします。

③黒板の横（座る）

黒板の横に座ることで教師の存在を消すことができます。そうすることで、「自分たちで話し合うんだよ」「自分たちで進めるんだよ」という〈物言わぬ指示〉になります。板書をして座り、板書をして座り、の繰り返しです。そのときの教師の目線は発表者の周りです。うなずいている子がいるのか、つぶやきがあるのか、座った状態で全方位を見ます。話し合いがひと通り終わった後に、価値づけをします。

④教室後方

特にタブレットを使っているときに有効です。進捗状況や、関係のないことをしているかをチェックすることができます。

（藤原　薫）

黒板を120％活用する

「先生、これ何〜〜〜〜？」

登校してきた子どもたちが、教室に入って黒板を見てニヤリと笑ったら大成功。

黒板の連絡を見てほしいとき……。

子どもたちの気分を上げたいとき……。

ちょっとした会話のきっかけをつくりたいとき……。

そんなとき私はよく、黒板に少し変わったキャラクターを描きます。

マッチョな太陽。キラキラ目のドラえ○ん、眉毛の太い○○チュウ……。

それだけで**教師との会話、子ども同士の会話が自然に生まれます**。（実在の人物は、リスペクトの意味を込めて変な顔などには描かないことも大切です。）


社会科で歴史の学習をした次の日には、絵とクイズを描きます。

例えば船を描いておきます。

「さあ、この黒船で日本にやってきた人はだれ？」と書いておくと、

「ペリー!」

「えー、でもこの船小さすぎない?」

「蒸気船なのに、煙突がないよ」

など、**学んだ知識を出し合うシーンも生まれます。**


明日は水泳学習があり、持ち物の確認をしたいとき。

カバンを大きく描き、その中に必要な水着、バスタオルなどを描きます。キャップなどをあえて描かず、「このカバン、変だね。何かが足らないよ」としておきます。

こうすると、子どもたちの頭に持ち物がインプットされます。

忘れてほしくないことを念押しするときに有効です。


運動会当日や、二学期始業式……。ここぞという日には、本気モードで、子どもたちの好きなキャラクターを描きます。普段はユーモアたっぷりの絵を描く先生が本気を出すと、子どもたちも喜び、気分が上がります。目的に合わせて、楽しく使い分けます。

(千原まゆみ)

「箇条書き」を使いこなす

箇条書きは子どもたちにとっても学習で有効ですし、教師の指示においても有効です。箇条書きは様々な使い方があります。

①子どもが使う

とにかく考えを書かせたいときに、箇条書きで書かせます。メリットは、〈すぐに数えられること〉。授業内で教師が「何個書けましたか」のような声かけをする場合がありま す。そのときに、**すぐに答えられることで授業にテンポが生まれます**。また、自分がどれだけ書けたかをメタ認知することができます。翌日少し違うテーマで書かせた場合に、「僕は昨日何個だったけど、今日は何個になった！ 成長した！」と**数による成長を実感させることもできます**。（そのときには、時間を微調整するなど、教師の工夫が必要です。）

板書の提示にも有効です。例えば、国語で二つの本文を提示する場合に、その本文の上に番号を振ります。そうすることで、子どもたちの発表で比較や根拠を示す際には「①の

○○という言葉が説得力があって……」や「②には、○○という言葉がないから……」と、**スムーズに発表することができます。**

②教師自身が使う

連絡帳を書かせる場面では、持ち物などを箇条書きで書かせます。聴写の場合は「持ってくる物は何個ありましたか」と確認することもできます。また、自習をする場面では、やることを箇条書きで板書します。例えば、

①漢字ノート
②計算ドリル
③本読み

のように提示します。また、指示を口頭で出すときには、指折りしながら指示を出すことも、全員に指示が通るようにするための手段の一つです。

※「箇条書き」については『どの子も書きまくる！作文指導アイデア』（森川正樹、明治図書）を参考にした。

（藤原　薫）

モデルを示す

国語の授業の冒頭、全員で音読することがあります。しっかり声を張って読んでほしい。そんなときは、**モデルを示す**ことです。

クラスの中で、モデルとなる子（Aさん）を指名し、一人で読ませます。その後、「**Aさんレベルで音読に挑戦します。用意、スタート！**」と言って全員で読むと、学級全体のレベルがぐんと上がります。

「友達のよさを真似ることができるって、すごいことです。『学ぶ』の語源は『真似る』。今、まさに学んでいるのです」と価値づけます。

学級の中に「真似ることは尊い」という価値ができれば、様々な場面に転用できます。例えば、**クラス合唱をするときには、一番高い音が出てくる一フレーズだけ**を取り上げて、一人ずつ歌います。響きのある歌声で歌う子が登場したときには、全員で真似します。

スピードを求めたいときがあります。

給食エプロンの着替え、体操服の着替え、帰る用意。スピードが速くなるほど、子どもたちの活動の時間が増えます。

「クラスで一番早くエプロンを着て廊下に並ぶのが早いのはBさんです。Bさんがかかった時間、なんと一分です。今日はBさんレベルに挑戦してみましょう」と呼びかけることで、子どもたちは燃えます。

四時間目終了から給食当番のエプロンに着替え、手洗い、出発まで**二分**でできるようになります。「給食当番の準備が早いから、食べる時間がたくさんとれるね」と価値づけます。

体操服の着替えも同様です。男女で教室を明け渡しながら着替える際、**一分三十秒**で交代できます。「素早く着替えたから、たくさん体育ができるね」と価値づけます。

教師は、モデルとなる子を見極めながら提示。そして、一人ひとりの成長を認めていくのです。

（徳田達郎）

整列ができるクラスにする

学校生活において重要なことの一つとして、保健指導があります。保健室では出席番号順に並びます。番号順に教師が並ばせたり、机の順に連れていったりすればいいのですが、それだと子どもたちに成長がありません。

そこでまずは、入学・進級当初から日常生活において「出席番号順に並んでいるもの」を生かそうと思いました。**自分のロッカーの前に立たせればいいことに気がついたのです。**

「自分のランドセルを入れたロッカーの前に立ちましょう」

こう言うだけで、一年生でもあっという間に出席番号順に並ぶことができていました。注意することは、どのロッカーの子どもから呼ぶかです。ロッカーはだいたい上下二段になっていることが多いので、まず、下段のロッカーの子どもたちから呼びます。その子どもたちは、ロッカーから一人分立てるスペースを空けて立たせます。それから上段のロッカーの子どもたちを呼びます。上段のロッカーの子どもたちは空いたスペースに立たせるのです。上段のロッカーの子を先に呼んで自分のロッカーのすぐ前に立たせてしまうと、ロッカーが見えなくなり、スムーズに並べなくなるため、この順番はとても大切です。

これを何度もしていくと、ある日、廊下ですぐに並ぶことができる日がやってきます。

大切なことは、**「〇年生だからできないだろう」**ではなく、**「どうやったらできるようになるかな」と何年生であっても考える**ことです。子どもたちだけで並ぶことができる、そんな日が来ることを楽しみにしながら過ごす一学期は楽しいものです。


（田上尚美）

危険を察知する「ざわざわスイッチ」をもつ

みなさんは「ざわざわスイッチ」をもっていますか？

「ざわざわスイッチ」とは、学校生活や授業など、子どもと接するありとあらゆる場面で「にごり」や「危険」を感知したり、未然に防いだりする教師の感性のことです。

①生活のスイッチ編〜スルーしないで着目しよう〜

・教室に入ったとき、気持ちのよいあいさつが返ってきているか。

↓教師が気持ちよくあいさつをします。そして、いつも元気にあいさつする子に「気持ちいいな〜」「素敵なあいさつ！」とニコニコしながら言葉を返します。

・提出物の字は丁寧か。

↓キャラクターを描いて、吹き出しに「わお！　今日の字、美しい！」と書きます。宿題のページには励ましのメッセージを書きます。学級通信に漢字練習を載せます。

・教室にごみは落ちていないか。

↓教師がどんどん拾います。授業中でも拾います。子どもはそんな姿を見ているものです。そして、拾った子をすかさずほめます。写真に撮って紹介します。
・放課後や移動教室のとき、机は整然と並んでいるか。
→机が整然と並んでいる教室を写真に撮り、気持ちのよさを共有します。放課後、教師が整理します。一緒にやる子が出てきたらチャンスです。（楽しくおしゃべりしながら整理するのが日課になると素敵ですね。）
スルーしがちなところをそのままにせず、ほめたり一緒にやったりしながら浸透させていきたいものです。

②授業のスイッチ編～未然に防ごう～

【授業開始前】

授業をチャイムと同時に始めたいけど始まらない――それを防ぐために、
・ノートに日付が書けたら〈ランク別の丸〉を描く
日付が書けたときの時間の経過に応じて花丸・二重丸・丸を書くことを子どもたちに指し示します。日付が書けた子どもは、その時点のランクの丸をノートに描きます。

教師が黒板に最高ランクの花丸を描く前から、ノートに日付を書く子が現れたらチャンスです。それを大いにほめ、そこで「スーパー花丸」を誕生させます。教師が何も言わなくても、授業準備が完璧にできていることが当たり前の集団を目指します。

【授業の導入】

子どもの反応がよくない――それを防ぎ導入で子どもを引き込むために、

・座って話す（いつもと違う雰囲気で始める）
・実物を持ってくる（実物が語る）
・○秒見せる・少しずつ見せる（もっと見たい、先が知りたい、を引き出す）
・間違いを提示する（本文に戻りたくなる）
・選択肢を提示する（どれか考えたくなる）
・問題場面に引き込む（問題文に合わせて動作化をさせる、問題文に載っている物を持ってきて、重さや長さを予想させる）

このように、様々な方法で子どもたちを引き込んでいきます。「先生は何かを仕掛けてくる」という雰囲気ができているなら、言葉を少なくして置いたり提示したりするだけで、子どもが瞬時に反応して思考するということもできるようになってきます。

【授業中】

授業中、友達の話が聞けない――それを防ぎ、話が聞けるようにするために、

・話を聞くことは「相手に対する優しさ」と教える
・教師が話し手の後ろに立って、聞き手の注目を集める
・聞き手の反応を価値づける
・「扇風機のように話そう」と促す
・語尾に相手意識を入れるように教える
・話し終わった後に「どのくらいわかりましたか？」「私の気持ち、わかりますか？」などと聞き手に尋ね、聞き手はアクション（両手を広げた大きさ）で返すようにさせる

これらを聞き手・話し手双方に指導していくことで、聞くことを大切にできるクラスにしていきます。

ここに示したものは、「ざわざわスイッチ」の一部です。子どもたちが前向きに学校生活を送れるよう、いつも心に「ざわざわスイッチ」をもってみませんか。

（茨木　泉）

「コール」はさせない

「もう一回！　もう一回！」

「〇〇！　〇〇！」

教室では、このような「コール」が起こることがあります。これ、「ろくなことがない」というのが私の見解です。

子どもの中の誰かが先導して全体のコール（合唱）となるのですが、一見クラスが盛り上がっているように見えるこの場面は、放置すると後々教師の首を絞める結果となる場合があります。

このコール、**実はそのまま〈圧〉と置き換えられる**からです。**いわゆる「同調圧力」**ですね。

やんちゃな子が、コールを始め、その方向に全体を引っ張っていく。よい場面ならいいですが、大抵は「悪乗り」となる場合が多いです。

例えば、先生への何かのリクエスト関係の「コール」の場合、そのまま押し切られて「仕方がないなぁ……」とその方向に進んだとして、そのときは子どもたちも喜んで盛り上がるのですが、**子どもたちの中に、「押し切れる」という感覚が芽生えかねません。**駆け出しの先生ならば、次からどんどんコールが起こり、なんとなく子どもたちの〈圧〉のままにクラスが動いていく、ということもあり得ます。それはキケンです。

やはり、担任の先生の存在は頑丈な幹でありたいもの。押し切られる感じの流れはよくありません。

だから、私は「コール」をよしとしません。

「コールはしません」と子どもたちにはっきりと伝えます。「これは、盛り上がっているようだけれど、勢いでどんどん押しているだけだな」と続けます。

これが四月、五月に頻繁に起こる場合は、要注意です。前年度に、そうしたコールにストップをかけられていないと考えられます。その都度、冷静になって、やめさせます。

授業の盛り上がりや、学級の盛り上がりは、いくらでも「コール」以外でつくることができます。「コール」をやめさせてマイナスなことはありません。

拍手も盛り上がります。「すごい」とか、「やった!」というつぶやきも、素敵なクラスの雰囲気をつくりますよね。ただ流れに任せての「コール」、気をつけなければなりません。

(森川正樹)

忘れ物指導で成長させる

忘れ物がないように時間割を合わせる、期日までに書類の返事をもらってくる――どちらも子どもによっては難しいこともあります。より難しいのは後者の「書類の返事をもらってくること」です。しかし、これからの人生、期日を守ることは当たり前で、必要なことです。とはいえ、お家の方に書類は渡っているけれどもなかなか書いていただけないこともあります。このようなときは、保護者の方に連絡帳やお電話で連絡もしますが、子どもを育てるためにすることがあります。

まず、子どもと一対一で、学校で話します。質問はたった一つです。

「家に帰ったら必ず見るものは何？」

例えば、「放課後教室に持っていく連絡帳」と言う子どもがいました。そこに、持ってくるものを付箋に書いて貼ることに決めました。なんと翌日から、保護者の方からのお手紙の返事をもらってきたり、ノートのページがなくなったら翌日には新しく用意したりできるようになりました。

各家庭によって状況は異なるので、家に帰ってから必ず見るものも違うのです。ですから、一人ひとりと一対一で家のことを思い出しながら話をする必要があるのです。

時間がかかりますし、やったとしても子どもによってはやはり忘れることもあります。しかしながら大切なのは、**これからも生きるために必要な力を子ども自身に身につけさせること**です。次の日に、朝のあいさつを言うのもそこそこに、「せんせーい、算数ノート持ってきたよー」と笑顔で元気に登校する子どもを見ると私まで笑顔になります。

できなかったことを叱るのではなく、できるようにするためにはどうしたらいいかを子どもと話し合う、それが成長する忘れ物指導です。

（田上尚美）

ジャンケンで安心できる給食時間にする

楽しく安心できる給食時間を過ごすことは、安定感のあるクラスにつながります。誰もが〈安心できる〉給食時間にするために、〈おかわりジャンケン〉に教師の技術を詰め込みます。

ステップ① 〈参加条件〉を明確にする

「負けてもすねない人、負けても泣かない人、負けても怒らない人、負けても人に暴言をはかない人、この四つが守れる人は、出てきなさい」と、〈参加条件〉をつくります。

ステップ② 〈人数〉と〈声の大きさ〉を規定する

特性の強い子は、興奮状態の中で負けると「あ〜、最悪や〜（叫んで攻撃）」「ギャー（涙でアピール攻撃）」と、存在感たっぷりに自分のダメージを表出するものです。ペアなど〈少人数〉で、声をできるだけ抑えた〈静かな〉ジャンケンを行うことを伝え、教師の見守りの下で行わせることで、どの子も落ち着いて参加することができます。また、おかわりの際には、教師対子どもの「先生に勝った人」タイプのジャンケンも避けるようにしています。負けた際に生まれる、教師へのマイナスな感情が学級経営に影響することが考えられるからです。

ステップ③〈戻り方指導〉こそが最大のポイント

教室には、負けても笑顔で席に戻る子が必ずいます。教師の〈もう一手〉を打つ絶好のチャンスです。「みんな見て〜。Aさん、負けたのにめっちゃ笑顔。負けて悔しいのに、笑顔で帰れるなんて、負けたときのお手本やね」「Bさんも笑顔だわ。負けても笑顔が出る人がいるって、いいクラスやね〜」などと、よりよい行動を価値づけます。そして、もちろん、気になるあの子が笑顔で席に戻れていたら、みんなの前で大いにほめるのです。

子どもたちは、勝負にこだわるものです。「そんなことで泣くなよ」は指導ではありません。**勝負の後の姿まで〈指導〉することが、安心できる学級につながります。**

四月の早い段階で、係などを決める〈授業中〉から始めておけば、日々の給食指導だけでなく、様々な場面で活用することができます。

（鷹野智香）

宿題は意図をもって出す

今、学習を終えたばかりの単元テストは定着率が高くても、しばらくしてもう一度その単元の内容を復習してみると、きれいさっぱり忘れている、ということはありませんか。そこで、現在の学習内容の問題と、復習の内容の問題がセットのプリントを作成して、宿題で出すことにしました。プリントを作成するときのポイントは四点です。

①A4サイズで作成する

低学年は大きいサイズの方がいいのではないかと思われがちですが、テストによってはいつもより小さな解答欄に字を書かないといけないことがあります。そのときにできるだけ戸惑わないようにするために、書く場所に合わせて書くことができる子どもたちになるよう、普段から最低限の大きさを用意することを心がけています。

②片面で収める

「うらもあります」と書いていても、裏の問題に取り組んでいないことが多いものです。

見る側としてもひと目で見ることができる量である片面に収まる問題量がベターです。

③シンプルなプリントを作成する

そのプリントで何をねらうかが明確であることが大事です。そして、教師が続けられるようにすることです。あってもなくてもいい飾りや枠はつけずに、問題や問題文が書かれているだけのプリントで十分です。また、問題の内容もシンプルにするため、今、学習している単元が「時計」であれば、大問1に「時計」の問題。時間の計算をするときに少し関連があるということで、大問2は「たし算」の筆算にします。問題の構成もシンプルに考えます。

④同じプリントに再び取り組ませる

新しいプリントをどんどん作成するのではなく、三か月くらい経ったら、再度既習のプリントに取り組ませます。何度も取り組んでいるとわかる問題が増えてくるので、抵抗感がなくなってきます。

（田上尚美）

絵本で学級づくり［夏］

学年のスタートから数か月たったこの時期。
家族について考えたり，宿題で悩んだり，
昔の戦争について学んだりと様々な場面があります。
そんなときに役立つ絵本を紹介します。

『まねしんぼう』
みやにしたつや 作・絵
岩崎書店

家族、特に弟や妹について考えるときに読んであげたい絵本です。

何でもお兄ちゃんの真似をしたがる妹。時々失敗したりもするけど、そういうところが逆にかわいいもの。**小さい子に対する温かいまなざし**が感じられます。

作者は『おまえうまそうだな』のティラノサウルスシリーズで有名な宮西達也さん。宮西さんご本人の読み聞かせを聞いたとき、特に印象に残った一冊として今でも思い出されます。明るく元気に読み聞かせます。

国語などで音読を宿題にすることはよくありますが、**音読が苦手で困っている子どもはいませんか。そんなときに読んであげたい絵本です。**

マディは音読が苦手な女の子。音読の上手な子がもらえるシールが欲しいのに、なかなかうまく読めません。そんなとき、お母さんと行った図書館で、しろくまのような犬と出会ったのです……。

欧米の図書館には実際にこういう犬たちがいるのだそうです。詰まっても、間違えても、黙って聞いていてくれる動物たち。日本でも

『わたしのそばできいていて』
リサ・パップ 作，菊田まりこ 訳
WAVE 出版

こんな図書館があればいいのに、と思います。本を読むことの楽しさを教えてくれる絵本です。

夏は戦争について考える季節でもあります。『なきむしせいとく』は、沖縄戦に巻き込まれた少年の物語。少年たちが逃げ続けていく中で、沖縄戦で起こった悲劇が次々と描写されていきます。「沖縄でなぜそのような行為が行われたのか」を通して、子どもたちに**戦争を考えさせるきっかけ**としても使えます。

ただし、小さい子どもにとっては少しショッキングな内容も含まれています。子どもの実態に応じて、戦争の悲しさを間接的に伝えてくれる『すみれ島』や『かわいそうなぞう』などを読むといいでしょう。

（中西　毅）

『なきむしせいとく　沖縄戦にまきこまれた少年の物語』
たじまゆきひこ 作
童心社

「書けそう」「楽しそう」と思わせる日記指導

子どもたちに言葉の力をつけるために、日記の宿題も無駄にはできません。学習内容の定着を図りつつ、クラスの書く力を確実に上げ、楽しい――そんな日記にしたいと考えています。日記を宿題に出すにあたっては大きく二つのハードルがあります。

①何を書いたらいいかわからない

子どもたちの「何を書いたらいいかわからない」問題は、「書けそう」「楽しそう」の二つで解決です。「書けそう」と思わせるには、学習とつなぐのが一番の近道です。次ページ上の写真は、「スイミー」での比喩の学習後の日記です。低学年であれば、教師の例文や、作文の道案内を保護者の方にもわかるように加えておくのがおすすめです。高学年であれば、書き出しを指定することもあります。「カレーライス」（令和二年度版光村図書五年）で「共感」について学習した後、書き出しを「ぼく（わたし）は悪くない。」と指定したときは、「それ、めっちゃある！」「面白そう！」と、書く前から盛り上がりました。**書く内容のイメージがわくことで、「書けそう」「楽しそう」な日記になります。**

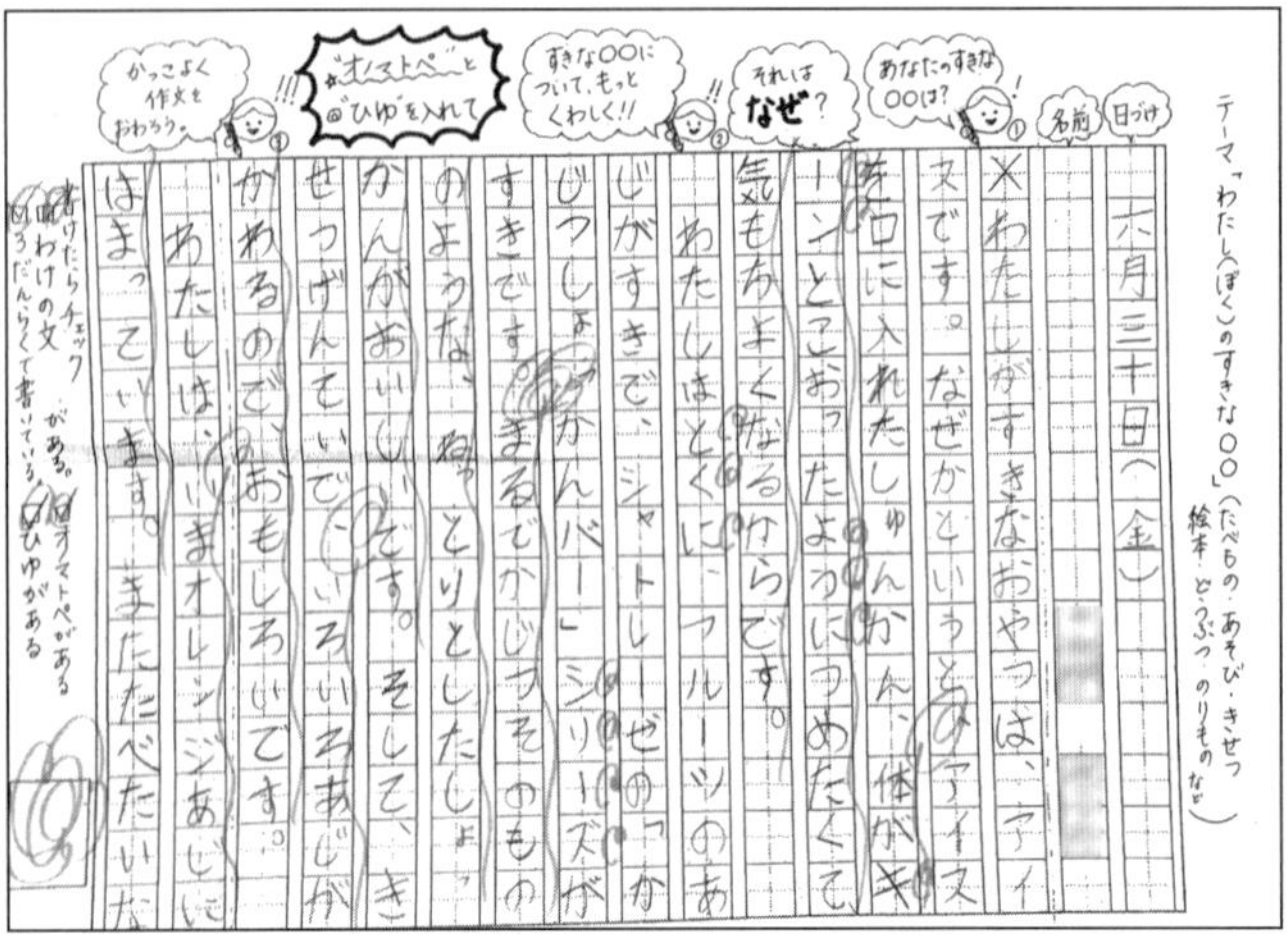

テーマ「わたし(ぼく)のすきな〇〇」(たべもの・あそび・きせつ 絵本・どうぶつ・のりもの など)

六月三十日(金)

[redacted]

※わたしがすきなおやつは、「アイス」です。なぜかというと「アイス」を口に入れたしゅんかん、体がキーンとこおったようにつめたくて気もちよくなるからです。

わたしはとくに「フルーツのあじ」がすきで、「シャトレーゼの「かじつしょうかんバー」シリーズがすきです。まるでかじつそのもののようなねっとりとしたしょっきかんがおいしいです。そして、きせつげんていでいろいろなあじがかわるのでおもしろいです。

わたしは、いまオレンジあじにはまっています。またたべたいな

書けたらチェック
☑わけの文がある。
☑オノマトペがある
☑ろだんらくで書いている。
☑ひゆがある

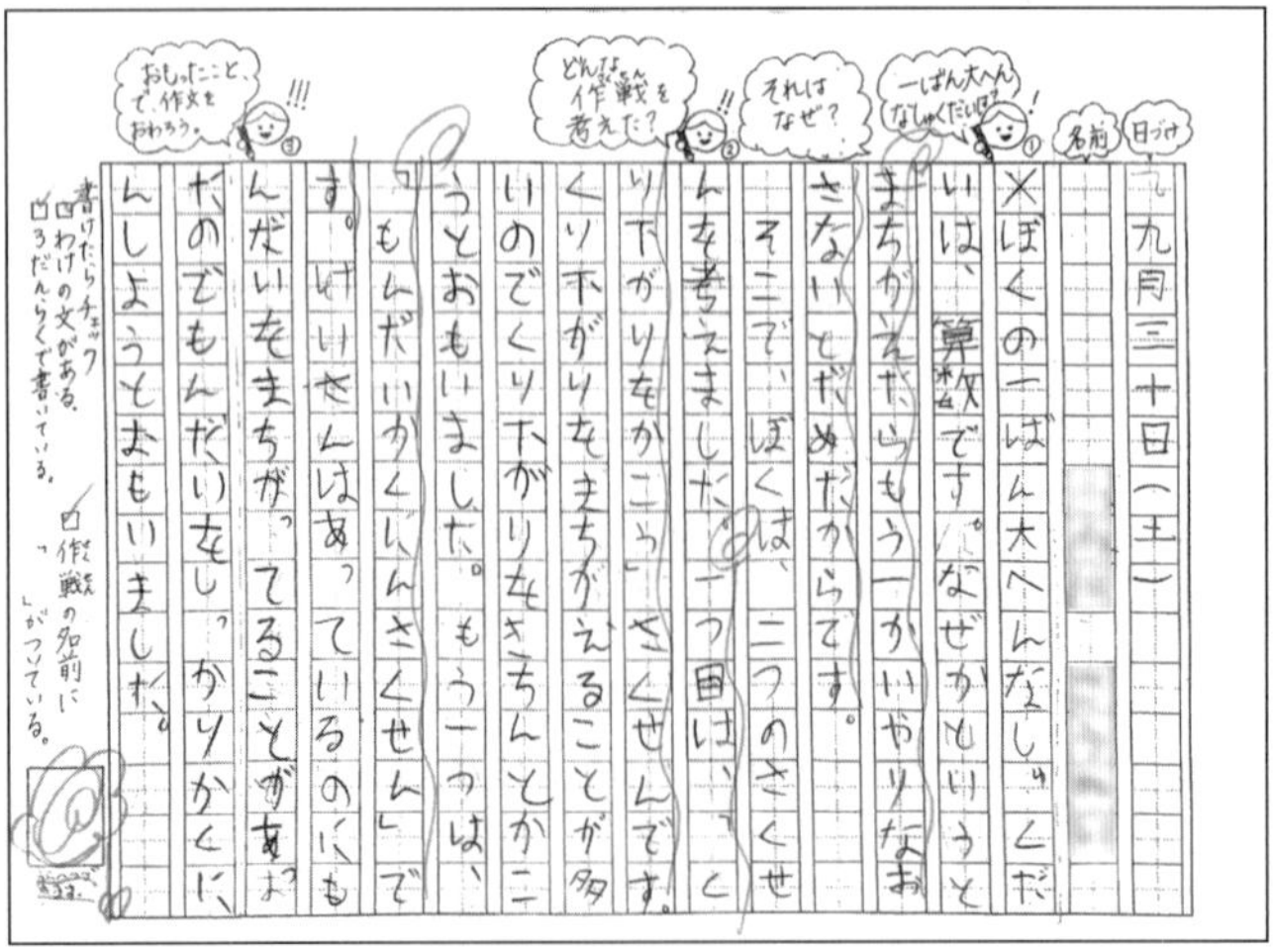

九月三十日(土)

[redacted]

※ぼくの一ばん大へんなしゅくだいは、算数です。なぜかというとまちがえたらもう一かいやりなおさないとだめだからです。

そこで、ぼくは、二つのさくせんを考えました。一つ目は、「くり下がりをかこう」さくせんです。くり下がりをまちがえることが多いのでくり下がりをきちんとかこうとおもいました。もう一つは、「もんだいかくにんさくせん」です。けいさんはあっているのにもんだいをまちがってることがあったのでもんだいをしっかりかくにんしようとおもいました。

書けたらチェック
☑わけの文がある。
☑ろだんらくで書いている。
☑作戦の名前に「」がついている。

②コメントの時間がとれない

日記は教師がコメントするイメージがありますが、発想をガラッと変えて、〈評価〉にシフトチェンジです。

高学年なら、「今日は○○ができていたらAだよ」と伝えたり、低学年なら、前ページ下の写真のように作文の最後にチェックボックスをつけておき、何が書けたらよいのか、評価の基準を先に示しておきます。チェック一つは丸、二つは二重丸、すべてのチェックで花丸と評価したり、AやSと評価したりします。評価のみを書くようにすればコメントに困らないので、日記を読むスピードも上がります。

（鷹野智香）

日記をさらに活用する

子どもたちは、日記の読み聞かせが大好きです。「そうそうそう！」「え〜！」「これ、〇〇さんの日記や！」などと反応しながら、友達の作品を楽しみます。私の学級経営にとって大切なツールの一つです。読み聞かせするだけでも楽しめるのですが、聞かせるだけではもったいないくらい、日記は〈教材の宝庫〉です。活用して、さらに言葉の力の底上げを図ります。

①低学年は授業で活用

その日の目的に沿って、読み聞かせる作品を事前にピックアップしておきます。そして、読み聞かせをする前に、次のように声かけします。

「会話文が出てきたら手を挙げなさい」
「オノマトペが出てきたら手を挙げなさい」
「比喩はいくつ出てきましたか」
「比喩とオノマトペの合体版が出てきます」

会話文、比喩、オノマトペ……低学年には難しい国語用語も、友達の作品を聞いたり、自分で真似して使ったりしているうちに、今では、音楽の時間に歌を歌いながら「比喩あった～」「ほんまや～」と言葉に親しむ子どもたちになっています。

②高学年は給食時間やすきま時間で活用

高学年は、教科担任制などで国語の時間はとても貴重なので、**給食時間を活用して読み聞かせます**。子どもたちのつぶやきを拾いながら、「情景描写がうまい。まるで、椋鳩十だ」「会話文がリアル」「書き終わりがうまい。余韻がある」「比喩がまるで星野道夫」など、**国語の学習内容と関連づけながら、読み聞かせの前後に価値づけます**。「あの子がやっているなら、私も使ってみよう」と思わせたら、もう子どもたちは日記に夢中です。

子どもたちに「言葉の力」をつけるためには、前項の「楽しく、安心して書けること」が一番です。そして、日記の作品を教材としてさらに活用することで、書く力が確実に積み上がっていきます。余談ですが、「(クラス限定) 無人島に連れていくなら誰」なら、クラスの人間関係までわかって、とても盛り上がるのでおすすめです。

(鷹野智香)

「自分たちがつくっている」と思わせる

「それ、採用！」

自分の考えを先生が取り入れてくれて、みんなが真似してくれる。自分のアイデアが黒板に残る――「それ、採用！」の一言で、子どもたちは、どんどん自信をつけていきます。

①授業の中で

国語「お手紙」の学習場面。お手紙をかえるくんが書いてくれたことを知ったがまくんの発する「きみが」のセリフは、がまくんの気持ちが、憂うつモードから幸せモードに一変する大切なセリフです。

しかし、このセリフに大きな驚きが込められていることに、子どもたちはあまり気がついていません。そこで、「アクションをつけるよ。せーの」と、アクションをつけさせました。教師は動画を撮りながら、驚きを表現できている子どもを探しておきます。

そして、「動画チェックしま～す」「はい、Aさんのアクション採用！」「Aさん、今のアクションをみんなに見せて」「みんな、Aさんの真似するよ。せーの」採用された子も、周りの子もニコニコ笑顔。**「子ども→子ども」へと広がる学びが一番**です。

②行事の中で

音楽会の合唱で、動きを取り入れて歌わせることがあります。子どもたちが、一瞬で動きを覚えるための一言が「それ、採用!」です。

音楽会で、「小さな世界」を歌うことになったときのことです。体育館で歌い慣れた頃、「『世界はせまい』『小さい』の歌詞にアクションをつけるよ。さんはい」

と突然言うと、子どもたちは、ちょっと戸惑いながらも、勢いでアクションをつけました。

「はい、二組のBさんのアクション採用!」「ちょっとやってみて」

「みんな、やってみるよ。さんはい」「あ〜、いいね。これでいこう。採用!」

「覚えなさい」の言葉は要りません。「次は採用されるかも」とワクワクした表情を浮かべながら一瞬で覚えます。子ども→子どもに広がる学びで、**〈自分たちがつくっている〉と思わせることによって、意欲が高まり、それがクラスや学年の成長につながる**のです。

(鷹野智香)

「やりたくない」を「やりたい」に変える

運動会、音楽会、図工展……学校行事は、「自分との挑戦をして力を伸ばす」「仲間との連帯感を高める」「自己肯定感を上げる」などの大きな価値がある絶好の学びの場です。「ようし、がんばるぞ！」と、子どもたちに前向きに取り組んでほしいですよね。

大前提として、〈教師が前のめりになってがんばろうとしているか〉が肝心です。「なんとなくあるから」ではなく、何のためにあるのかを理解して、子ども以上に燃えることです。子どもは敏感に感じ取るからです。子どもへの指導は三段階で行います。

①ＨＯＰ！【目標】

行事の前に、子どもたちと話し合います。何のためにするのか、目的意識をもたせます。そして、自分たちはどんなゴールをしたいのか、目標を決めさせます。

前向きで、積極的なクラスや学年であればいいのですが、そうではないこともあります。消極的でやりたくないオーラを出す場合は、**その気持ちも言葉には出さず、日記に書き残させておきます。今はそんな気持ちなのだね、と認めます。**「でも、きっと変わるから！」「変わるのは自分次第！」「あなたたちならできる！」そう励まします。また、「鯛のイラスト」を貼り、「やりタイ」行事にしていこう、と語ります。そして、みんなで決めた目標は見えるところに掲示します。

②STEP‼【手立て】

練習後、行事日記を書かせます。一日五行。少しでも変容が見られた子の文を学級通信に載せます。「○○さんは『やりタイ』に変わってきたね！」と。

通信で写真を載せ、ほめ続けることも大切です。目標を山に見立てて、「今は三合目まで登れたね！」などと価値づけをします。

③JUMP!!!【ほめる】

目標達成した自分や仲間をほめ合わせます。目標達成の喜びを味わえれば、次の行事もまた「タイ」でがんばれます。大いにほめて、価値づけして、自信をつけてあげることが次につながります。

（千原まゆみ）

ほめるバリエーションをもつ

みなさんは、今日、子どもたちをほめましたか。

〈ほめること〉と〈おだてること〉は違います。ほめるというのは、「価値づける」ということです。決して、子どもたちの機嫌をうかがうのではありません。**価値づけは教師の願い**です。ほめることでその先生の学級経営が表れます。

ここでは、様々な「ほめる」を紹介します。

①ノートでほめる

例えば、連絡帳を早く出している子がいた場合、机間指導をしながら花丸をつけていきます。チャイム着席してさらにノートを出して日付を書いている子がいたら、ノートに花丸をつけます。

②黒板でほめる

子どもたちがいないときに、黒板にほめる子の名前を書いておきます。「何の名前？」

やんちゃな子は「おれ、入っているけど、○○さんが入っているってことは、悪いことじゃないなぁ」と予想し始めます（笑）。その後、全体で「黒板に書いてある人は、○○をしていた人です。拍手！」と伝えます。

③立たせてほめる

名前だけを伝え、立たせます。「何か気づくことない？」と聞きます。少し、ピリッとします（笑）。その後、「立っていた人は、○○をしていた人です。ありがとう！」とほめます。怒られるのではないかという空気から一転、ほめられる――一気に教室の温度が上がります。

④全体に「ほめる」と宣言してからほめる

全体にほめる話をするときは、「今からほめます」と先に伝えて話し始めます。子どもたちは安心して聞くことができます。

（藤原　薫）

叱らずに伝える

毎日の学校生活の中で、叱らなければならない場面はあります。

その場ですぐに指導すべきことはその場で。

少し時間を空けてから、じっくり。

そのときに応じて指導の仕方も違います。

指導した後、もう一度子どもたちの心に沁み込ませたいとき、私は学級通信を活用します。

①事実をもとに

例えば、掃除をサボっている子がいて、注意したとします。次の日の学級通信には「きのう、そうじの話をしたね。」

個人名がわかるような書きぶりや、特定の子を叱る書き方は絶対にしません。掃除がなぜ必要なのか、なぜ掃除をしたらいいのかなどの価値を書くのです。子どもたちに目的意識を明確にもたせます。

また、掃除に真面目に取り組んでいた子をほめます。「叱るよりほめる」です。そうすることで、注意された子にも、真面目にがんばっている子にも、全員に教師の思いが届きます。

話をした後は数日よく観察しておき、注意した子を見守り、掃除をしている瞬間を見逃さず、ほめます。重ねて学級通信には、

「そうじの話をした後、行動に移した人がいました。素直な心をもっているな、とうれしく思いましたよ。」

注意すること以上に、注意した後が大事です。

②詩や先人の名言を使って

時には詩や先人の言葉を借ります。

高学年になれば、あえて何も書かず詩を載せます。

「昨日の話と結びついた人？」と手を挙げさせます。全員が手を挙げたら、それでおしまい。そうでない場合は、補足を添えます。ネチネチやらず、さらっと、がポイントです。

詩や偉大な先人の言葉は、子どもの心を動かします。

（千原まゆみ）

時には「深掘り」しない

生活指導の場面。

時には「深掘り」しすぎないことも必要です。例えば、学年がスタートして間もない頃、次のようなことがありました。


〈昨日の帰り道、Aさんのランドセルを、BさんとCさんが叩いていた、という事例が発覚した〉


すぐに次の日、事実確認をします。

聞けば、「誰が叩いたかゲームをしていて、軽く叩いてしまった」とのこと。

さて、この場合、あなたならどのように指導しますか。

ここでは、Aさんにとってとてもつらいことである、ということがまず想像されますね。

それを大前提として、一方で、「これはいじめだ!」と全員の前で強く叱ると、かえって、Aさん自身に〈私はいじめられたのか〉とより実感させてしまうかもしれません。そこで当然、「本人がいじめだと思ったらいじめになるから、絶対にやってはいけないんだ」ということを押さえながらも、学年のスタートということも踏まえて、全員がさっぱりと、この後の関係を築いていけるような結末に着地させたいものです。

そのようなときに、「どういうつもりで叩いたの！」とか、「これがどういうことかわかってるの！」とか、話し出した子に対して「（話させておいて）それって、あなたの解釈だよね」ということをまくしたてても何かいいことはあるでしょうか。私はあまりないと思います。こういうことを言うと、「その子の内面が……」とか、「その子の背景を考えると……」という答えが返ってくることがあるのですが、こういうときは、「教師としての懐の大きさ・視野の広さ」も大切です。

「いじめてやろうと思ってやったの？」と聞いてやり、「それはない」と答えたのなら、「これから一年間、一緒に勉強したり、遊んだりしていくわけだよね。先生はみんなに仲良く、楽しく学校生活を送ってほしいんだ。わかる？」と語ります。ここでは子どもたちはほぼ理解してくれるので、「だったら自分の悪いと思うことを相手に伝えて謝ろう」とさっぱりとした対応をした方が、全員が明るく終われることが多いと実感しています。

いつもいつも、「深掘り」がいいこととは私は思いません。

（森川正樹）

学級通信で愛を伝える

教師を始めた日から一日も欠かさず毎日行っているのが学級通信の発行です。Ｂ４で一日一号。校外学習などを除いて子どもたちが学校に来た日の合計日数が号数になるので、だいたい一年で二百号弱になります。

通信の名前はいつも「ひだまり」。子どもたちに宛てて毎日送るラブレターだからです。たくさんほめて、子どもたちに「あなたは素敵だよ」と伝え続けるツールです。毎日読み聞かせをしてから持ち帰らせています。学校でほめてもらい、家に帰ってからもほめてもらえるので、二度うれしいようです。

①「ひだまりに載る！　やったぁ」

四月当初は「恥ずかしいからいやだ〜」なんて言う子もいますが、そのうち通信に載るのを楽しみにするようになり、「先生、ひだまりに載る？」と聞いてくるようになります。

「載せるよ」「やったぁ！」――子どもが喜ぶ声を出すようになればガッツポーズです。

「先生、毎日ひだまりを書いてくれてありがとう」――子どもからのうれしい言葉。

「ひだまりを楽しみにしています」――保護者からもうれしい言葉。

教師にとっても、日々の記録になり、クラス全員の子のよさを見つける目を養えていると思います。

②「ひだまりに載せないで」もOK

作文や日記には、困っていることを書く子、先生への悩み相談を書く子もいます。ですから前もって「ひだまりに載せてほしくないときは、そう書いていいからね」と伝えます。そうすると、子どもたちは安心して書くことができます。

また、クラスへの問題提起になるようなことを書いた子には、載せてもいいか本人に確認をします。「載せてもいいけれど、名前は隠してほしい」という場合も配慮します。（そのまま載せると筆跡で誰か特定できてしまうので、打ち換えます。）

配慮はもちろん必要です。その上で、愛情のたっぷり詰まったひだまりのような温かい学級通信を、毎日子どもたちに送り続けています。

（千原まゆみ）

学級通信をクラスづくりの柱にする

毎年、年間で四百号を超える学級通信を書いています。子どもたちは学級通信が大好きです。配るとシーンとします。なぜでしょうか。それは、自分の名前が載っているかどうか探しているからです。

通信を誰に届けるのかはそれぞれの先生の考え方がありますが、今の私は圧倒的に子どもたちに向けて書いていることが多いです。学級通信に載せてもらえるがゆえにがんばる子たちもいます。

例えば、私のほめ言葉に「今の、通信に載せるから」があります。特に四月はこれを連発します。通信に載せられることはいいことだという意識をもたせるのです。教師側もそれを言うために、ほめるポイントを探します。時に写真を撮ったり、メモをしたり。あくまで「通信に載せる」は行為です。目的は、子どもたちが安心して学校生活を送れるようにしたり、子どもたちのやる気に火をつけたりすることです。だからこそ、全員を載せる意識をもつことが必要です。そしてほめる眼をたくさんもつ必要があります。

そのため、四月は特に通信をたくさん発行します。**四月の始業式から一週間くらいで十号は超えます**。もちろん、号数がすべてではありませんが、それだけ子どもたちに**価値づけをしている**ということです。子どもたちの中に通信が〈素敵なおくりもの〉だとインプットされたらこっちのもの。「通信です」を合言葉にどんどん学級経営を進めていきます。

通信を扱うときのポイントは〈教師が読み聞かせる〉ということです。渡しっぱなしだと、当然のことながら読まない子がいます。通信発行の目的は先ほど述べた通りですから、全員がシェアできるようにすることが大切です。回を重ねれば教師の声を待つようになります。しっかりと読み聞かせをしてあげてください。

二十歳になった教え子が「先生の通信、大切にしてるで！」と、同窓会に当時の通信を持ってきてくれました。見せてくれた通信には写真とともに「休んだ子の分までそうじを一生懸命がんばる〇〇さん。素敵です。」とありました。

今日も目の前の子どもたちに笑顔で、「通信です」――すべての子をほめる、学級経営の柱です。

（藤原　薫）

学びの定着は「文字化」ではかる

学習面でも、生活面でも、様々な「学び」の定着は、文字化できるかどうかではかることができます。

例えば生活面において、「うわさ話が勘違いを生んで、友達同士がぎくしゃくした」ということが問題になり、話し合ったとします。そんなときも、「今の学びをノートに一文で書きます」と指示を出します。

そこで、例えば「うわさはよくない」など、シンプルでもいいので大切な言葉が入っていれば、学びが残っているということになります。

コツは「一文で」というところ。一文で書くためには、本当に大切な部分しか選べないので考えるのです。（状況が複雑なときに「一文で」は難しいので、一文でまとめられるようなときに行うのがいいです。）

また、文字化させるために、実際に書かせる前に、「今大切なのは、〇〇だよね」などと、何度も子どもたちとの授業のやりとりの中で大切な言葉を発し、意識させておき、書けるようにします。

学習場面はもちろんのことです。

算数で「折れ線グラフ」を学習したとします。単元や本時のまとめを書かせる以外に、授業の途中で文字化させます。「それでは今まで勉強したことを、〈〜折れ線グラフ〉で終わるように一文で書いてごらん」と声をかけます。子どもたちは「移り変わりがよくわかる折れ線グラフ」という感じで書きます。

この**適宜文字化させることがいいのは、繰り返していると、子どもたちが常に「まとめる思考」で授業を受ける**ようになるということです。

授業を受けながら、大事なことは何か、ポイントとなることは何かを自然と考えている状態を生みます。

また、常に文字化させるためには、その周辺の日常指導が必要になってきます。

すぐにノートを開くことができる。

サッと反射的に書き始められる。

考える前に書くぐらいの、書くことに対する潔さ。

微細な環境整備と同時進行で「常に文字化」を意識することで、学びに対して前傾姿勢のクラスをつくっていきたいものですね。

（森川正樹）

Column

外国籍児童に学級担任ができること

考えてみてください。

あなたは英語が話せない、わからない状態で突然、今日からアメリカに――。これからの生活に不安はありませんか。

以前私が勤めた学校で、これから日本語を学ぶという中国籍の子どもが翌日から転入してくることになりました。私は中国語がわからないので、どうコミュニケーションをとったらいいのか……と思いました。

毎日することで困ることの一つに、時間割を合わせることがあります。しばらくは教科書を置きっぱなしでいいとしてしまいがちですが、それでは成長がありません。日本語を覚える、日本の学校生活の仕方に慣れるということも含めて、時間割は合わせてくるようにした方がいいなと思いました。日本語をこれから学ぶ外国籍の子どもでも、一人で今日から時間割を合わせられる可能性が高まる方法があります。それは〈マスキングテープ〉を使うことです。準備するものは、マスキングテープの他に、教科書、ノート、時間割の表です。マスキングテープは教科の数だけ違う柄をそろえましょう。例えば国語は赤の水玉、算数は水色のストライプというようにです。そして、時間割表のマスと、教科書やノートが教科ごとに同じ柄になるようにマスキングテープを貼ります。これだけです。あとは帰りに明日は何曜日か確認して帰ると、翌日の時間割に書いてある教科の教科書やノートを入れて持ってくることができます。このような工夫をするだけで、できることが増えていきます。

順調に日本語を覚えていくことができれば本人も手応えを感じ、担任としてもうれしいものです。気にかけるとよいのが、母国語（私が出会った子にとっては中国語）を忘れずに、日本語も母国語も使いこなせるようになることです。日本語を指して、母国語を発音させるとよいでしょう。担任はその子の母国語がわからなくても大丈夫です。大切なことはその子に寄り添う気持ちをもつことです。

「学級担任としてできること」を考える気持ちが何より大切です。

（田上尚美）

Chapter 2

できる教師の授業づくりの指導技術

タブレットで授業準備をする

授業の用意をいつするか、どのようにするかは、永遠の課題だと思います。いい授業をするためには、事前の準備が必要不可欠です。とはいえ、忙しい日々の中で、その時間を確保することは簡単ではありません。そこで、非常に役に立つのがタブレットです。タブレットを活用することで、ちょっとしたすきま時間で簡単に授業の準備ができるようになりました。

○使用するアプリ

【Keynote】

iPadを使っている場合、デフォルトで使える「Keynote」は使いやすいです。写真などを使ってプレゼン資料が作成できます。使うと、写真の一部を隠したり、いくつかの画像を順番に表示させていったりと、特別な操作はせずともアニメーションっぽくすることができます。

「Keynote」のさらにいいところは、「手書き」機能があることです。私は、よく授業で

「アイコンカード」（※）を使います。アイコンカードとは、抽象的なイラストを使って、物語の読みを深めるものです。手書き機能を使うと、このアイコンカードがさっとつくれます。少し変えたいところが出たときに、修正もしやすいです。プリンターと連携していたら、描いたアイコンカードを印刷して黒板に貼ることもできます。子どもたちに共有するのも楽です。下の絵は、説明文「たんぽぽ」（東京書籍二年上）で使ったものです。くきが高く伸びるということを考えさせるために、子どもたちに提示しました。スライドを複製することで、簡単に一部分だけを変えた絵を見せることができます。

※「アイコンカード」…森川正樹先生の授業づくりアイテムの造語で、連載「国語の学びが動き出す！子どもに刺さる「指導ことば」」（『実践国語研究』二〇二四年一月号、明治図書）に詳しい。

【写真ライブラリ】

iPadの写真アプリには、手書き機能や画質調整、トリミング機能が標

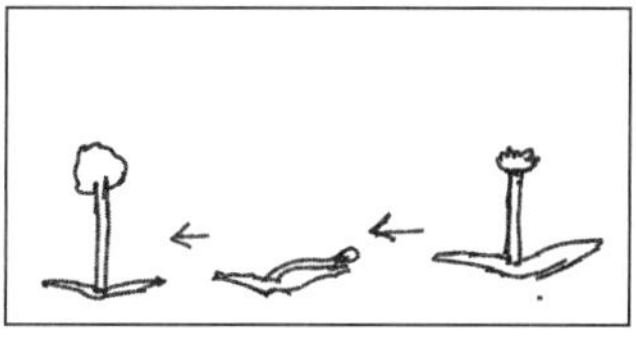

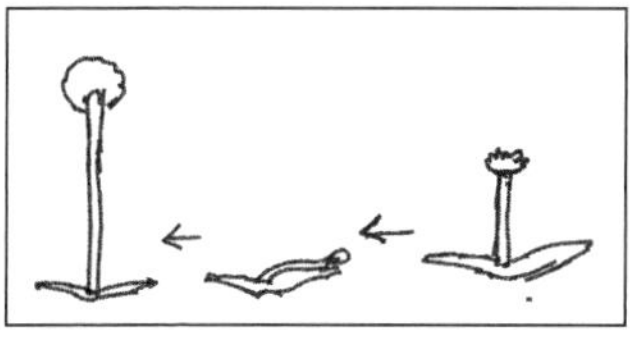

準でついています。これらを駆使すると、インターネットからとってきた画像や教室で撮った写真を簡単に加工することができます。

【授業支援アプリ】

ロイロノート・スクールやミライシードといった、授業を進めていく際に役立つアプリです。こちらは自治体によって、使えるものが決まっています。アプリの機能はそれぞれですが、子どもたちと資料を共有するのに、非常に役立ちます。子どもたちが自分の考えを共有するための場所を用意したり、資料をあらかじめ読み込んでおいてすぐ配れるように準備したりしておきたいです。私は、算数の授業の最後に、その日の授業の内容がわかっているかを確認する小テストをします。授業支援アプリを使うと、このような小テストの配布、回収が簡単にできます。

【Goodnotes】

こちらは有料アプリになりますが、非常に使い勝手のいいノートアプリです。ノートの向きやサイズ変更、写真やスキャン、手書き機能もあり、ワークシートづくりや教材研究、板書計画、授業記録などに重宝します。

緑色の細長い長方形を入れたテンプレートをつくっておくと、板書計画をいつでも立てることができます。こちらは、説明文「こまを楽しむ」（光村図書三年上）の授業の導入でマインドマップをつくるときの板書計画です。このときは、「こまについて知っていることは何ですか？」と子どもたちに尋ねて、どんなことが出てくるか、想定して分類していました。

ワークシートはディスプレイやプロジェクターと連携すると、タブレットに書き込んだことがそのまま提示できるので、どこに何を書くのか、見本を見せるのにも役立ちます。

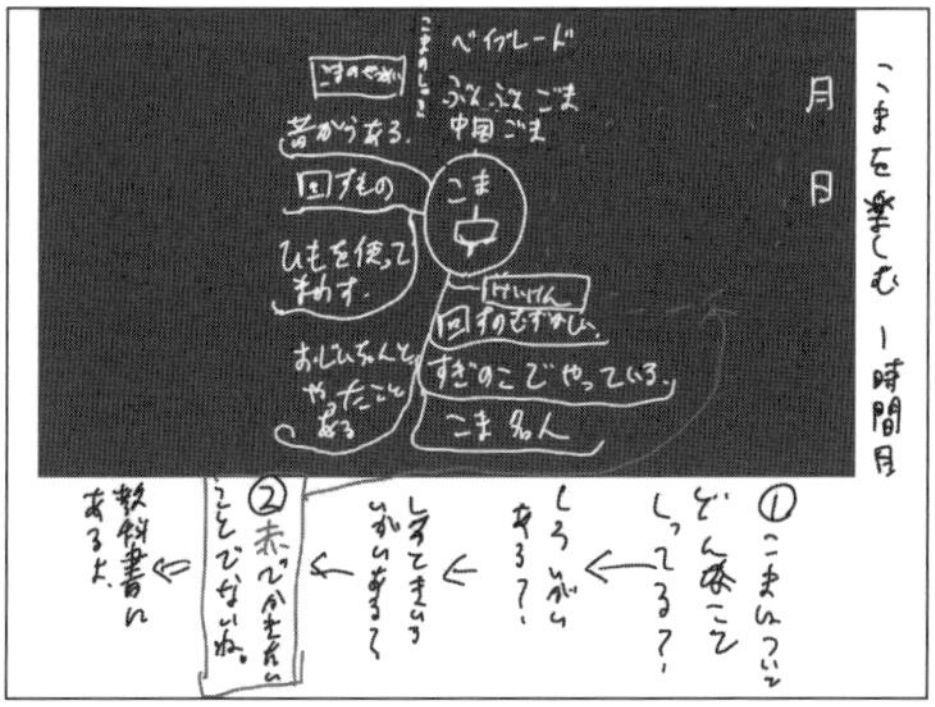

これらの他にもたくさんのアプリがあり、使い方もいろいろです。自分に合ったもの・やり方を探してみてください。

（松下　翔）

教師の「自撮り動画」を撮る

「みなさん、こんにちは。松下先生です。夏休みどうすごしていますか？　先生は今ここに来ています」

と言って、カメラが景色を映し出す――これは私が作成した動画の冒頭です。

学習の中で、あるものを紹介するために動画教材を使いたい。しかし、いつでも子どもたちに見せたいちょうどいい動画があるとは限りません。そんなときこそ、教師自身が動画をつくるときです。

教師が動画をつくる一番のメリットは、子どもたちがその対象に近づくことです。

三年社会科の二学期最初の工場の仕事の単元では、町にあるケーキ屋の工場に私が実際に取材しにいったことを動画にしました。工場の中の動画は撮れませんでしたが、先生が直接工場に行ったという事実はインパクトがありました。また、消防の学習では、そのときの同僚の先生が以前、消防団に所属していたので、私がその先生にインタビューをするという動画をつくりました。

もちろん、社会科だけでなく、他の教科でも使えます。国語科のインタビューをする単元では、学年の先生と見本動画を作成しました。知っている先生が出ていることで、より子どもたちは興味をもって動画を見ていました。

一方、教師にとってもいいことがあります。**動画を撮る作業が、教材研究になる**のです。動画を撮るときには、どう「みせる」と子どもたちに伝わるのか、説明する言葉をどうするか、試行錯誤することになります。これは、日頃の授業にも活きてきます。日々の授業は、子どもにどう示すか、どう伝えるかの連続です。動画を見返して何度か修正をしたりすることは、普段の授業に活きるのです。

教師が動画をつくることで、同様に子どもたちがつくる際の評価や支援の手立てをもつこともできます。筆算の学習の発展課題のバリエーションとして、説明動画をつくるという活動を設定した際にも、動画の映し方やどんな説明を入れるかをアドバイスしつつ、様子を見守ることができました。

動画をつくる、という作業を通して、楽しく学びをつくっていけると思います。

（松下　翔）

授業開始一分前に黒板の前に立つ

「チャイムと同時に授業を始める」のは、理想的ですが簡単なことではありません。

「キーンコーンカーンコーン」

「先生、さっきAくんが、叩いてきました」

「だって、Bくんが先にいやなことを言ってきたから」

「話を聞きますので、みなさん読書して待ちなさい」

「先生」「先生」「先生……」


「チャイムと同時に授業を開始する」。これを学級の「当たり前」にするには、授業開始一分前の教師の行動にポイントがあります。それは、**「授業開始一分前に黒板の前に立つ」**ということです。

これをすると、チャイムと同時に授業を始めようとする教師の「覚悟」が子どもたちに伝わります。そして、目立たずとも、静かに授業の準備をしている子の存在に気づきます。

やる気がある姿を学級通信でほめることなどもできます。

漢字ドリルで新出漢字の学習から開始する際には、「**授業開始前に、黒板にドリルの番号を書く**」のです。これによって、授業開始前にドリルを開いている子どもたちをほめながら、チャイムと同時に授業に突入することができます。

国語の物語文の学習から授業を開始する際には、国語の教科書を見ている子の中に、音読している子を見つけ出してほめ続けます。次第に、チャイム前に音読する子が増えていきます。こうして、**授業開始一分前の学級文化**が生まれてくるのです。

（徳田達郎）

「指なぞり」で集中力を高めさせる

子ども全員を授業に参加させたい、そんな願いを「**指なぞり**」で実現します。

漢字ドリルで新出漢字を習う際、読み方、熟語、部首、画数などを「先生の追い読み」で音読させます。子どもたちの中には、教師の声に続いて言うことはできても、文字を追うことができない子がいます。そこで有効なのが、「**指でなぞりながら読む**」ということです。

「今、指で押さえているところをお隣と確認！」と言うだけで、全員が漢字ドリルの音読に参加することができるようになります。

物語文や説明文の授業における音読場面。「先生の追い読み」や「先生と交替読み」、そして、「お隣の席の子と交替読み」――ここまでは参加できるのに、「班での丸読み」、ましてや、「クラス全員での丸読み」となると、集中力が続かない子が出てきます。緊張感の抜けた教室の空気感となってしまいます。

そこで有効な指導が、「**指でなぞりながら聞く**」ことです。

「この一ページの最後の行まで指でなぞれている子は、クラスで七人くらいかなぁ。それくらい大変なことです」とはじめに伝えておくと、難しいことに挑戦しようとする子どもたちががんばります。

指でなぞりながら聞くことが習慣化されるまで、子どもたちを励まし続けます。

教室は、**子どもたちの集中力が醸し出す空気感**に包まれます。

こうして、「クラス全員が参加する丸読み」が実現するのです。

（徳田達郎）

ノート指導では観点を示す

まず前提として、ノートは何のためにとるのかについて教師自身が「解」をもっていることが大切です。

自分の学びの軌跡が見えるため、自分の考えを整理するためなどが挙げられるでしょう。そのために低学年は丁寧にマス目を守って板書を写します。中学年以降は学びの軌跡が子どもそれぞれの書き方で、デザインされていきます。宝物になるノートの第一歩です。

ノートの指導をするときは、クラスの子のノートを紹介するのが最も効果的です。

大切なのは、観点を示しながら紹介することです。

・ものさしを使っている
・吹き出し（友達の意見）が書かれている
・箇条書きで自分の意見が書かれている
・自分の意見と他の意見の色分けがされている
・（オリジナルの）図解がある

・自発的に振り返りが書かれている

まずはこれらを教師が実物を示して紹介します。そうすることで、ノートをとるときの観点がわかるわけです。(それをメモしている子がいたら全力で価値づけることも大切です。)

また、観点を示す際には、取り上げたい子のノートを机に広げさせ、教師がこう言うのもいいでしょう。

「AさんとBさんとCさんのノートには、共通点があります」

それを聞くと、その三人のところをみんなが行き来し、共通点を探ります。そのときに自然と周りとの対話も生まれます。そのようなことを繰り返し行い、ある日、突然、モニターにノートを映します。無音です。すると、子どもたちがしゃべり出します。

「このノート、むちゃ丁寧! だって……」

「○○さんのじゃない? だって……」

特に指示をしなくても、ノートのよさを自分たちで語り合います。

(藤原 薫)

「板書」の役割を意識する

詳細は次々の項（「板書は思考を促すために使う」）に任せますが、板書は「情報を書いて伝える」というだけのツールではありません。ここではそのイントロダクションを。

私は、依頼をいただいて、他校の研究授業の指導助言を務めることがあるのですが、授業を見ていると、板書に関して気づかされることがあります。

①「板書」が、子どもの発言を時系列で記録するためだけのものになっている。

②授業中、子どもがノートを書く際に、先生の「板書」を待って、ただ写している状態になっている。

③「板書」が子どもの思考を分断している。

①～③を通して言えることは、「板書」が子どもの「思考」を促している、育んでいると見受けられる場面が極端に少ないということです。③の場合は、子どもたちが考えかけたときに「板書」を写させる場面を入れてしまうことです。もったいないですね。

もっと「板書」が、子どもが考え出す起点になってもいい。

もっと「板書」が、子どもにより考えさせる素材になってもいい。そう思います。だから、教師が板書をするときというのは、もちろん「記録」として書いて写させるということは常にあってもいいのですが、いつでもそれだけではなく、

「わざと書かずに少し待ってみる」

ということがあれば、子どもたちは「先生、次は何を書くのかなぁ」と考えるし、学びをまとめるときに、

「次、何て書けばいいかなぁ……」

と問いかければ、子どもたちは自分たちで学習の流れや、そのときの学習の内容を鑑みながら、「まとめる言葉」すなわち抽象的な言葉を探して考えます。

板書は書いて整理するというだけではなく、子どもたちの「思考を促すツール」として活用しなければもったいないのです。そう考えれば、「板書」は授業を助ける強力な助っ人となります。それでは詳細は次々項にて……。

（森川正樹）

絵本で学級づくり［秋］

運動会などの大きな行事もあれば，詩を読んで学んだり，
人々の多様性について考えたりする季節，それが秋。
こういった行事や学びのときにも
活用できる絵本があります。

『ぼくのジィちゃん』
くすのきしげのり 作，吉田尚令 絵
佼成出版社

最近は春に行われることも多くなった運動会。大きな行事であると同時に、運動の苦手な子はあまりうれしくないと感じることも。主人公の少年もそんな中の一人でした。

いくら練習しても速く走れず、がっかりしていると

ころに田舎からやってきたジィちゃん。一見頼りなげなジィちゃんでしたが、お父さんの代わりに急遽ＰＴＡクラス対抗リレーに出ることになり……。

元教師のくすのきさんの絵本は、子どもの日常を優しい視点で見つめています。ストーリーを楽しめるのはもちろんですが、**走るのが苦手な子を励ましたいとき、運動会前に読んであげたい絵本**です。

『こだまでしょうか？—いちどは失われたみすゞの詩』
金子みすゞ 詩，羽尻利門 絵，
デイヴィッド・ジェイコブソン 物語，
サリー・イトウ／坪井美智子
詩の英訳と編集協力
発行　JULA 出版局／発売　フレーベル館

二学期教材としてよく取り上げられる金子みすゞの作品やその生涯について紹介した本です。

なぜ、差別が当たり前の時代に「みんなちがって、みんないい」といった詩を書いたのか、一度は忘れ去られていた彼女の作品がどうして再び世に出ることになったのか……。**みすゞについて深く知りたい方におすすめ**です。教科書の作品の他にも魅力的な詩がたくさん掲載されていて、詩を深く学ぶのにも役立ちます。

『みえるとか みえないとか』
ヨシタケシンスケ 作，伊藤亜紗 相談
アリス館

視覚障がいの絵本の制作を依頼されたヨシタケさんが三年以上の月日をかけて完成させた絵本です。作成中、ヨシタケさんは目の見えない人を宇宙人にたとえることについて、非常に悩まれたそうです。

クラスに障がいのある子がいると、ついあれこれと世話を焼いてしまいがちですが、果たしてその子はそれを望んでいるのか、とこの本は疑問を投げかけます。**子どもたちと障がいや、多様性について考えるときにおすすめです。**

（中西　毅）

板書は思考を促すために使う

板書は何のためにするのでしょうか？

授業によって様々な目的があると思います。考えを可視化し、整理したりつなげたりするためということが一般的かもしれません。そこに、**思考を促す**という考えをプラスすることで、板書の可能性が広がっていきます。

・黒板は常にきれいに。子どもが消すときも、「上から下に丁寧に」と教える。
・黒板の端には授業に関係ないものを貼らない。いつも見た目をスッキリと。
・四色以上の色を使用しない。
・下に書くと見にくい子がいるという意識をもつ。
・位置を自由に変えた方がいい板書は、紙に書く、紙で用意する。

①色の意味を決める

四月のうちに必ず教えることの一つに、「色のイメージ」があります。感情を表す表情カードと言葉を関連させて、プラスのイメージは赤色、マイナスのイメージは青色に決めます。

そうすることで、国語や道徳の授業で気持ちに合う色で囲って感情を整理することができます。「ここは何色で書きますか？」と聞けば、「○○の気持ちを考えよう」と言わずに、気持ちやその変化を考えさせることにつながります。定着すれば、子どもから、「先生そこは○色で囲ってください」という発言も出てきます。**色で思考は促せる**のです。

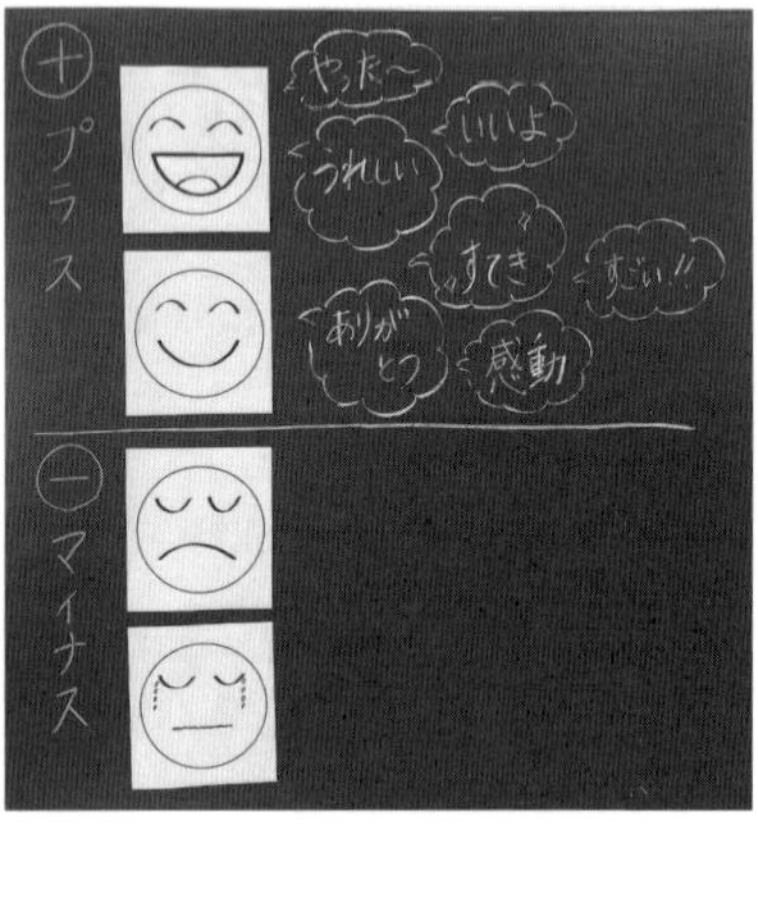

②タイトルを書く位置を工夫する

いつも決まった場所にタイトルを書いていませんか？

「いつも決まった場所」→「目的に合わせて変える」ことも一つの技術です。

国語で、授業のねらいがタイトルと関係すると考えたなら、あらかじめ**タイトルの周りに余白をつくる**ことで、関連したことを書くことができます。他の教科でも、真ん中に書くことで、その周りに思考を展開していくことができます。

③図形を使う

ただ順番に考えを羅列してあるだけでは、子どもは見にくいと思っています。項目は囲ったり、目立たせたい字は、太さや大きさ、囲いなどを使ったりして強調します。

言葉に関係する要素が出たときは、吹き出しで書きます。例えば、国語の物語文で「共感」という言葉を学習するとき、辞書で調べた意味を書くだけでなく、**子どもから出た「わかる！」「なるほど！」などのつぶやきも吹き出しで書いておく**と、子どもにとって見やすくわかりやすい板書になります。

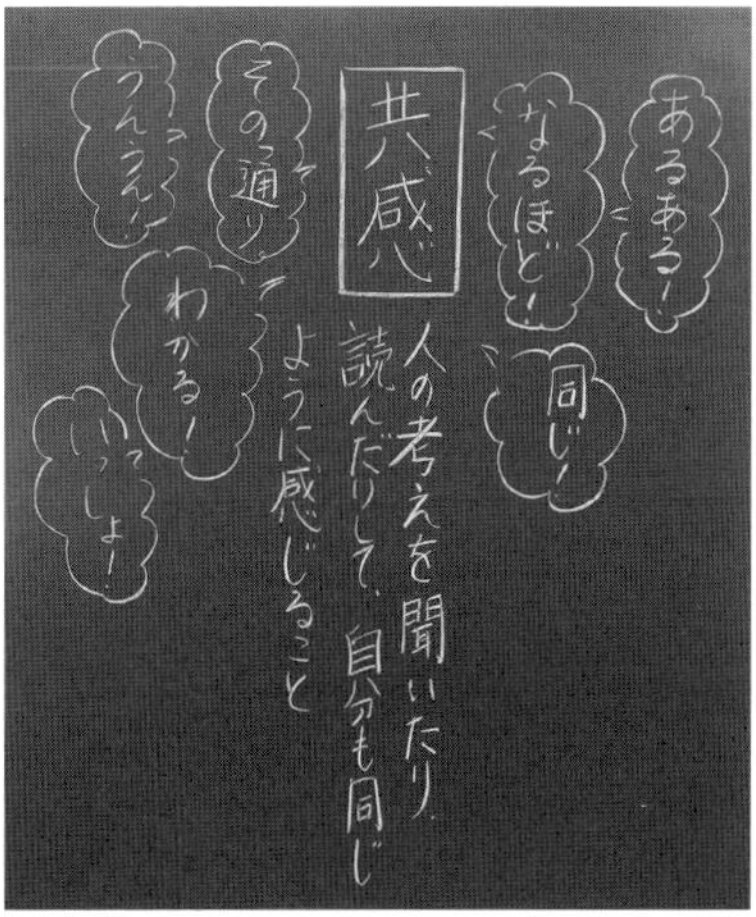

④板書で思考を促す

・「ここは何色で書く？」（このときの気持ちは？）（このイメージは？）
・「何て書けばいい？」（今の話をまとめると？）

板書する色や言葉を考えさせることで思考を促すことができます。そして、意図的に意見を分類して板書しておくと、次のような聞き方もできます。

・「左右どちらに書けばいい？」（どちら側の意見と同じ？）
・「どこに書けばいい？」（どの意見と似ている？）
・「一本線を引くとすればどこ？」（意見を分類すると？）

これらの発問は、どれも**板書で思考させる**ためのものです。意図的に項目を分けて板書することで、意見の分類のされ方に着目させることができます。また、意見がどこに分類されるのか、**思考しながら聞くようにさせる**手立てにもなります。

・「ここだけ何も出ていないよ」（他の見方をすると？）（この要素も出そう）

あらかじめ枠をつくっておくと、ある部分の意見が出ていないことが視覚的にわかり、教科書から探して解決しようとする思考が生まれます。

このように、板書は、子どもの意見を残す場所だけでなく、〈思考を助け、促すツール〉にもなります。

（茨木　泉）

ホワイトボードを活用する

タブレット同様、ホワイトボードも大いに活用しています。ホワイトボードはすぐ書けてすぐ消せる手軽さが便利です。

①黒板で掲示物として使う

黒板に貼ることで掲示物として使えます。ホワイトボードを貼ると、そこだけ浮き上がって目立たせることができます。印刷したものと違って、その場で書くことができるのがポイントです。「まいごのかぎ」（光村図書三年上）での実践を紹介します。

場面ごとに出てくる〈不思議なもの〉を私が順番にイラストで描いていきます。

「次、何を描くと思う？」と発問すると、子どもたちは、本文を読み返して、何を描くか考えます。そのうち、「先生、かぎ穴も描いた方がいいんじゃない？」と言い出します。「まいごのかぎ」では、出

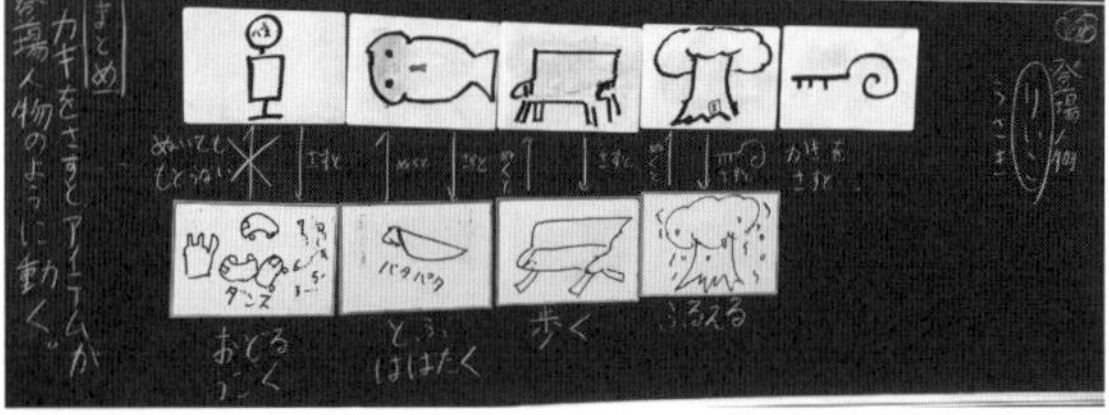

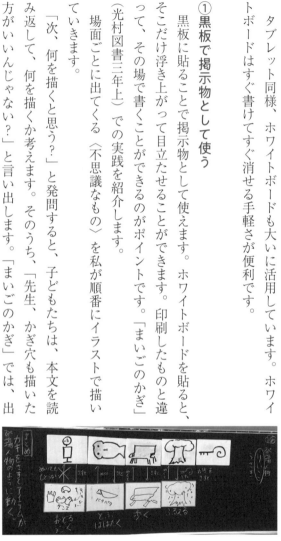

てくるアイテムにかぎ穴がついていることが物語として重要になります。それが子どもたちの中から意見として出てきてほしいのです。**その場で手描きにすることで、子どもたちがアイデアを出す余地を残す**わけです。あらかじめ描いておいたイラストを出すのと、その場で描くのではこの差が大きくなります。子どもたちはさらに、「アイテムがどう動くか」も考えていきました。最後の場面のところだけ、不思議な出来事が三つあるということも子どもたちから出てきました。

また、ホワイトボードで描いたものを残しておくことで、学習を思い出す手がかりにもなります。このときの学習でも、前時のイラストを次時の場面を比べる際に使うことができました。黒板は次の授業の都合などでどうしても消さないといけないこともあり、**「これは残しておきたい！」というものは、ホワイトボードで描いておく**ようにしています。

②子どもたちに板書代わりとして渡す

子どもたちが手軽に書けるので、話し合いなどで子どもが板書のように使うことができます。私の教室では、静電気を利用してあちこちに貼ることができるホワイトボードシートを教室にいくつか貼って、子どもたちがいつでも使えるようにしています。国語の詩の読み比べをするときには、それぞれの詩を担当するチームに分かれて、詩のよさについて話し合ったことをまとめていきました。教室の場所に分かれて、前に立つ子がホワイトボードシートにまとめ、チームでまだ発言のない子に話を振ったりと、それをもとに話し合いを上手に進めていました。

このように、ホワイトボードはグループでの話し合いのときには使い勝手が非常にいいです。係活動や行事の実行委員会の相談など、学習以外の場面でも活用しています。子どもたちがすぐ使って話し合える環境づくりを心がけています。

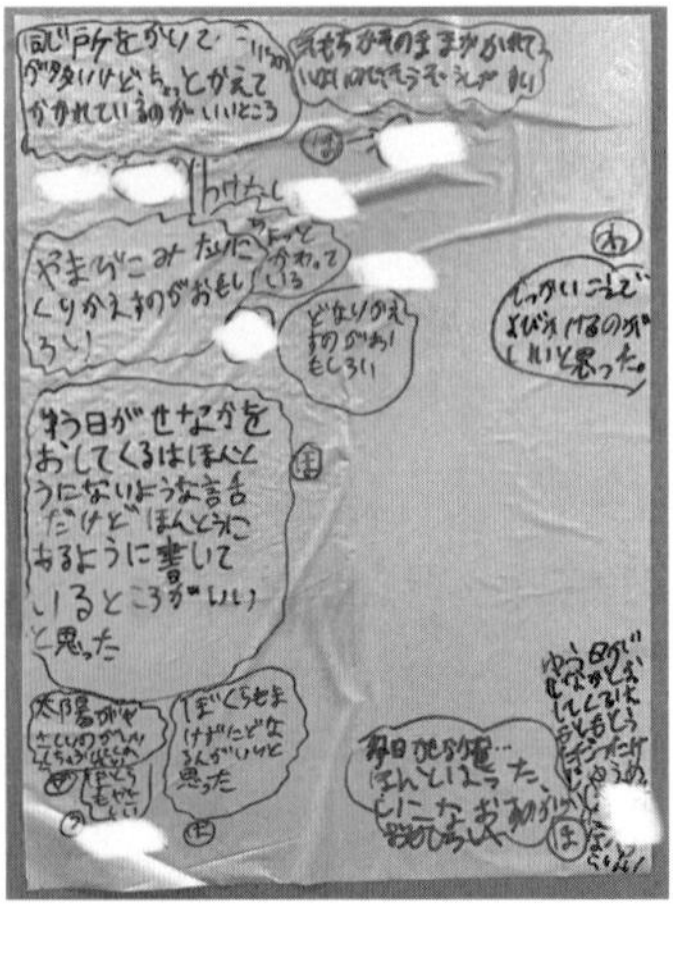

また、黒板に掲示できるホワイトボードと付箋を併用することで、話し合いをまとめたものをそのまま板書に掲示することもできます。説明文「すがたをかえる大豆」（光村図書三年下）の学習では、他の食品がどのように姿を変えるかについて調べたものを、姿の変え方によって付箋の色ごとに分けて、食品ごとのグループで分けてまとめたホワイトボードを黒板に並べて比較しました。グループでの話し合いから全体の共有が非常にわかり

やすかったです。

ここまで紹介した使い方は、タブレットでもできるものです。先述した授業用のアプリの中には、子どもたちが交流しやすいようにつくられているものもあります。ただ、**ホワイトボードを使うよさは、「大きさ」**です。タブレットの画面だと、ペアで見合うのにはちょうどいいですが、四人グループだとちょっと窮屈に感じます。「大きさ」はそのまま子どもたちの思考の「広さ」につながります。その学習で何をするのか、目的に応じて、タブレットでするのか、ホワイトボードでするのか、それ以外のものを使うのか、使い分けできるのが、プロの教師です。

（松下　翔）

発問は最小かつ最大で問う

子どもたちが話したくなる発問や、考えたくなる発問。

発問は短い言葉であればあるほど、濁りが少ないと私は考えています。

駆け出しの先生ほど、発問が微妙に変わることがあります。例えば、「ごんの気持ちになって考えよう」と言ったのに、二回目に言うときには「ごんの気持ちを考えよう」と、発問にズレが生じるということです。健気な子どもたちは、先生には何も言いませんけど、心の中では何を答えればいいか迷ってしまうということがあります。

ということは、発問は短ければ短いほど、子どもたちも迷いなく活動に参加できるということです。誤解を恐れずに言うならば、教師が言葉を発さず問いができたらといつも考えています。

そこで、最小かつ最大の問いは〈コン〉です。

〈コン〉と黒板にノックをするだけで子どもが動き出す。教師が無言で選択肢を出した後に、無言でノックをする。そんなイメージです。

そこには、言葉の曖昧さをなくすだけではないメリットがあります。それは、子どものつぶやきを拾うことができるということです。発問した後、たくさんの反応やつぶやきが出てくれば、それを使いながら補完していきます。教師が説明しなくても、不完全なものを提示し、〈コン〉とノックをすることで授業が展開していきます。

また、〈コン〉だけではなく、「どう?」という問いもおすすめです。
国語の範読が終わった後に「どう?」
人物を二人並べて「どう?」
場面をいくつか並べて「どう?」
クラスの子どもの発言に対して「どう?」
そこから出る子どもたちのつぶやきから、授業を展開していきます。
教師から出る言葉を洗練していきたい。
「どう」ですか?

（藤原　薫）

〈色〉に仕事をさせる

「スイミー」「お手紙」「スーホの白い馬」（いずれも光村図書二年）など、一年間を通して子どもたちと様々な物語文を学習します。三月、すべての学習を振り返ったときに、「覚えてる〜。『スイミー』では、色のイメージの勉強をしたよね」

クラスの全員の子どもたちが、「『○○』といえば、△△」と思い出せるような、エピソード記憶に残る学習にするために、「色のイメージ」を活用しています。

①学習の前に

「スイミー」では、色彩豊かな海の中の世界や、スイミーの心情の変化を学習させたいと思っていました。そこで、学習前に「色」に出会わせようと、レオ＝レオニ作の『じぶんだけのいろ』や『びっくりたまご』を読み聞かせ、**「何色のお話ですか」**と問いました。

すると、子どもたちは、物語に出てくる登場人物の体や景色に関係する色だけでなく、次第に、

「ピンク色。心が温かくなるから」

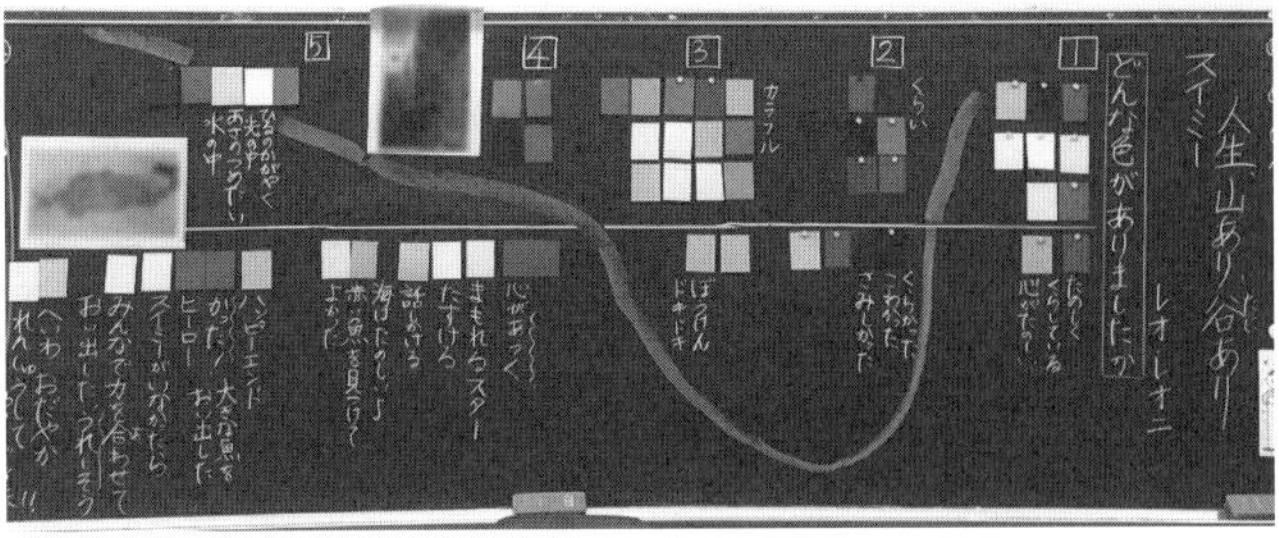

上段は，お話の中の色。下段は，イメージの色。場面が進むにつれて，スイミーの心情や人物像のイメージの色が増えた。

「黄色。友達を助けるのは、スターだから」

と、物語全体の印象や、登場人物の人物像のイメージの色を考えるようになりました。

②学習の中で

「スイミー」の学習では、黒板を指して「こちら側の色で話せる人いる?」と問うだけで、子どもたちは、「あ〜、イメージの方ね」と言いながら、

「赤色。心が熱くなっているから」

「赤色。大きな魚を追い出したから、勝った！の赤」

というイメージの色の発言も多く出ました。


〈教材との出会わせ方〉を、授業の中心とリンクさせ、そこに**〈色〉という観点を加えることで、記憶に残りやすい授業となります。**

（鷹野智香）

〈わく〉に仕事をさせる

子どもたちは、考えることが大好きです。そして、私たち教師が思うより、多くのことを覚えています。そのことに気づいたのが、「おにごっこ」（令和二年度版光村図書二年下）の学習です。

「おにごっこ」の学習が始まって三時間目のことです。子どもたちに、次ページ下段のワークシートを配り、黒板にも同じ〈わく〉を書きました。すると、子どもたちは、「朝、昼、晩……、あと一つは夜中？」とつぶやき始めます。これは前単元「どうぶつ園のじゅうい」の学習の記憶が、〈わく〉という思考ツールによって呼び起こされた瞬間です。「どうぶつ園のじゅうい」では、次ページ上段のワークシートの写真のように、朝、昼、夕方から夜の仕事を横三つの枠、特別な仕事といつもの仕事を上下の枠というように、〈わく〉によって、観点を考える学習をしました。その記憶が、「おにごっこ」でも〈わく〉を見ることで、呼び起こされたのです。「どうぶつ園のじゅうい」の学習に似ているけれど、どうやら違うようだ……。〈わく〉があることによって、子どもたちの思考が始まります。

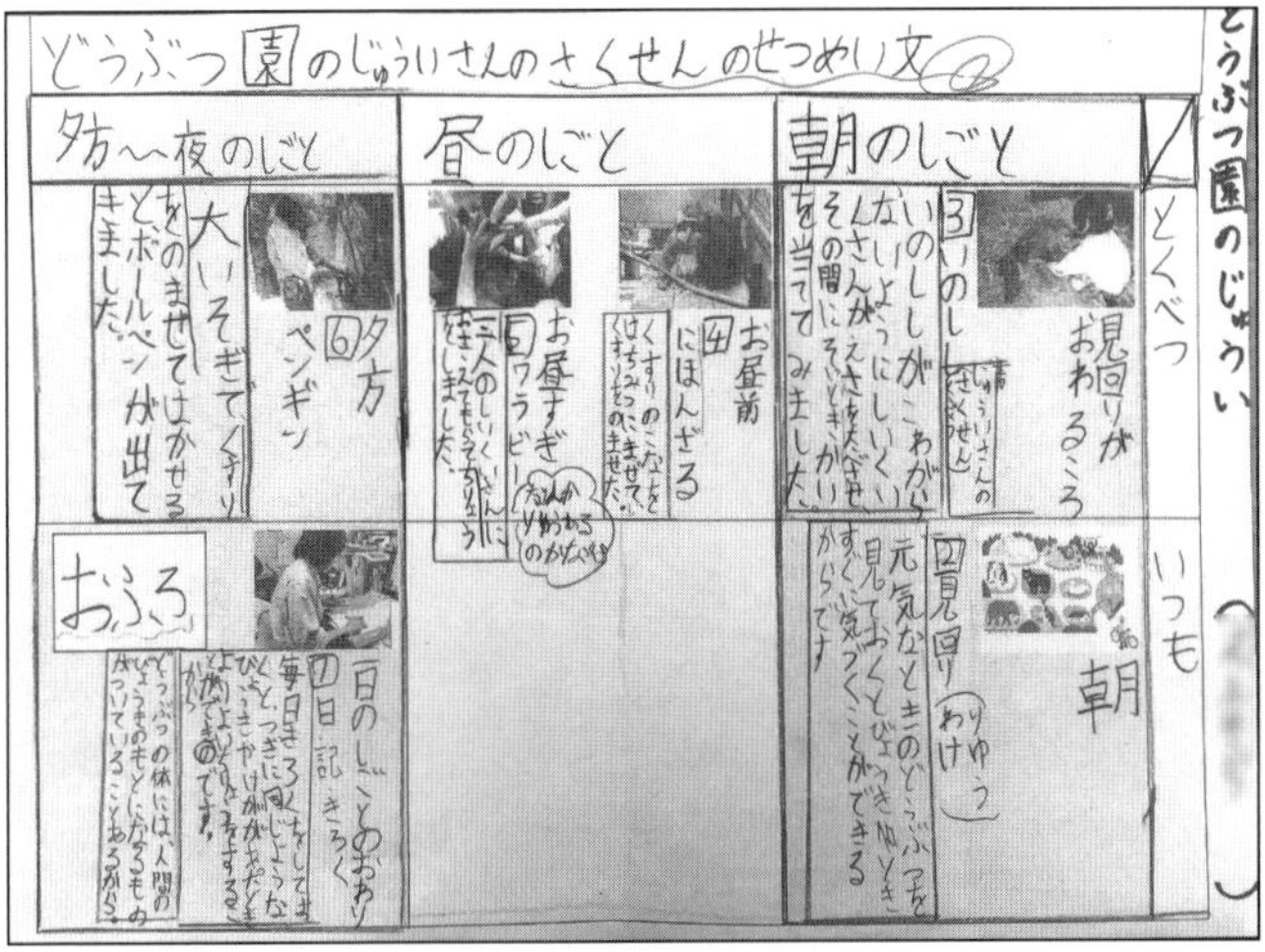

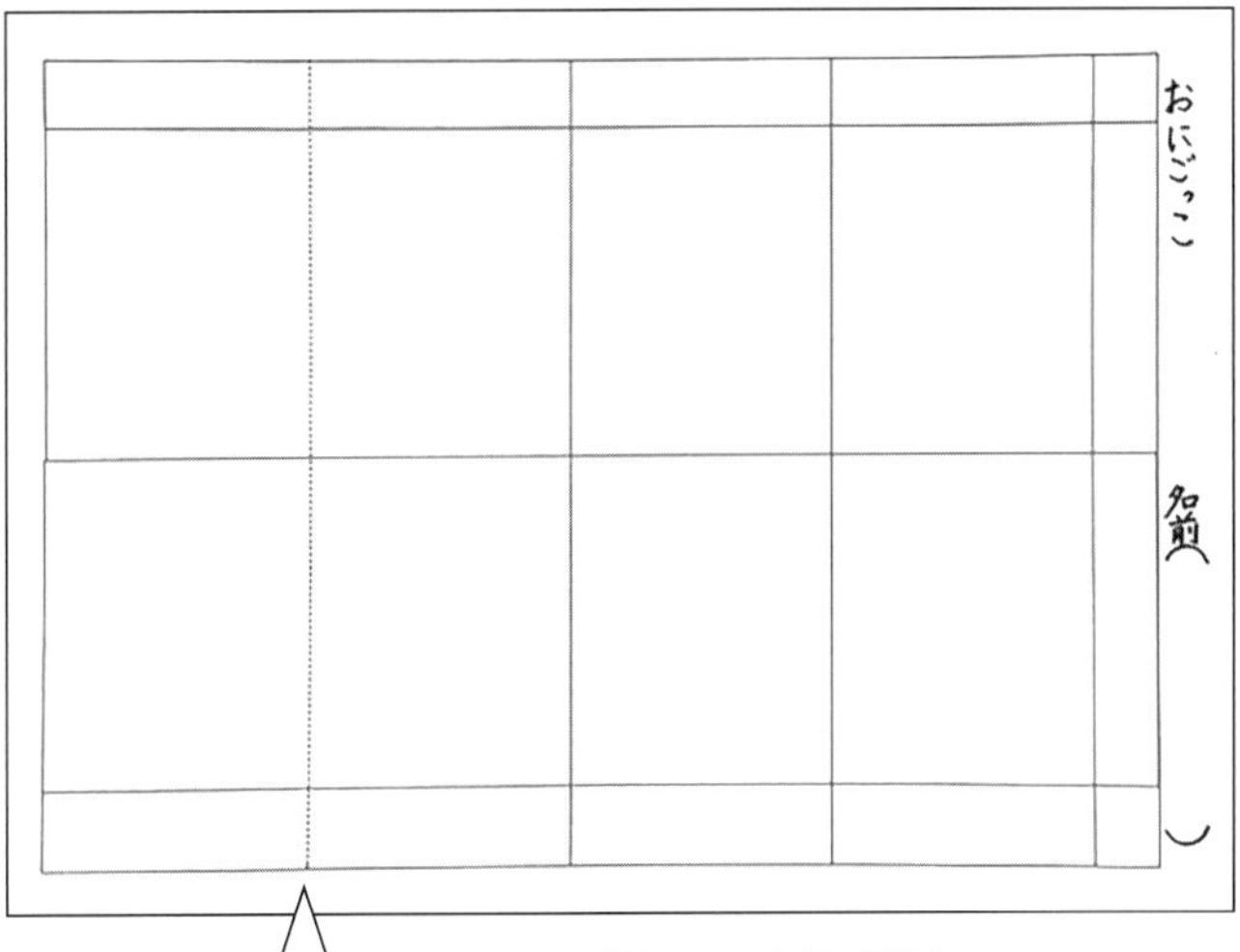

五段落と四段落の間の線のみ，点線にしている

「おにごっこ」のワークシートは、四つの事例を学習するために作成したものです。さらに、五段落にある「この」という指示語を理解させるために、四段落と五段落の間を点線で示すという「しかけ」をしました。すると、子どもたちは、配られたとたん、「三つ目と四つ目の間だけ線が点線になっているのには、何か意味がありそうだ……」と考え始めました。そして、点線の意味について話し合った学習では、指示語が指し示す事柄や、四段落と五段落がセットになっていることなど、二年生なりに点線の意味を考えることができました。

学習させたいことを教師が意図的に〈わく〉として提示することで、子どもたちの思考が始まり、エピソードとして記憶に残る学習となります。

（鷹野智香）

絵本で学級づくり［冬］

冬。寒い季節ですが，そんなときだからこそ
心の温まるお話を子どもたちにしてあげたいものです。
ここでは大地震や次の学年への引継ぎについて
語った絵本を紹介します。

『あしたは月よう日』
長谷川集平
文研出版

東日本大震災から十三年、阪神・淡路大震災から三十年近くが経ち（二〇二四年現在）、気がつくと学校は、ほとんどが大地震を経験したことのない世代へと変わりました。地震避難訓練のときに災害経験を伝えることもありますが、断片的な知識を伝えるだけになりがちです。

阪神・淡路大震災をテーマとしたこの絵本。しかし大地震の描写は全くありません。地震が起こる前、それぞれの家にそれぞれの週末の風景があり、それぞれの人にそれぞれの暮らしがあった、それがユーモラスに描かれます。**何気ない日常のありがたさとそれを突然壊す大地震の恐ろしさ**をこの絵本は教えてくれます。

『ハリネズミと金貨』
ウラジーミル・オルロフ 原作
ヴァレンチン・オリシヴァング 絵
田中潔 文
偕成社

森で金貨を拾ったハリネズミのおじいさん。この金貨で何かを買おうとするのですが、森の仲間のおかげで必要なものが次々と手に入っていき、最後に手元に残った金貨を見ておじいさんは……。動物たちの思いやりあふれる様子が素敵な絵本です。

二〇二二年に始まったロシアとウクライナの戦争はまだ終わる気配がありません（二〇二四年三月現在）。でもロシアにはこのような心温まるお話もあるのです。**人種や民族によって人を差別しない、先入観をもたない姿勢を子どもたちに育んでいきたい**と思います。

『おさがり』
くすのきしげのり 作，北村裕花 絵
東洋館出版社

なっちゃんの持ち物はいつもお姉ちゃんのおさがりばかり。みんなのように新品が欲しいと不満を漏らしますが，先生はそんななっちゃんに，自分の思い出を話すのでした……。

学年末が近づくと，そろそろ教室を次の学年に引き渡す準備が始まります。考えてみれば，教室や机や椅子，その他の備品も前の学年から引き継がれてきた「おさがり」なんですよね。**次の学年に「おさがり」というバトンを気持ちよく引き渡していきたい**ものです。

（中西　毅）

ネーミングにこだわる

「ネーミング」って大事ですよね。子どもたちを引きつける、心がワクワクする、楽しみになるような単元名やタイトルをつけたいです。

①**「お米の国の物語」**（五年社会科　米づくりのさかんな地域）
「お魚天国日本！」（五年社会科　水産業のさかんな地域）

五年社会科の農業と水産業の単元です。単元を起承転結に分け、物語風にして進めたときの単元名です。

余談ですが、農業の単元で、私が「お米くん」というキャラクターをたびたび登場させていたら、次の水産業の単元で、子どもが「お魚くん」のキャラクターを作ってくれました。大活躍しました。

②**「大仏イッター（だいぶついったー）」**

六年生の校外学習で奈良県の東大寺へ。「大仏さまが、一言。何をつぶやく？」

大きな大きな大仏を見学した子どもたちです。大仏さまが何をつぶやくか、考えてメモをします。全員分を紹介して、大仏イッター賞を決めました。（旧 Twitter にちなんでいます。）

子どもの作品例「うっ……。どうしても右手の中指が前へ出てしまう」
「わたしがパーを出したのでチョキの勝ちです」

③「目標たつ成」

干支が辰年だったとき、三学期の目標を達成するためのタイトルに命名しました。

④「ぼくたち優仲部（ユーチューブ）」

どんなクラスにしたいか、という話し合いで、優しい、仲の良いクラスにしたい、という意見になったときのクラスニックネームにしました。

子どもがワクワクする、そして親しみのある言葉に変換できないかな。常に私がワクワクしながら考えています。

（千原まゆみ）

ネーミングを使いこなす

活動を鮮明に思い出し、何をすればいいのか一言でわかる。

そのスイッチとなるのが〈ネーミング〉です。

一年生で縦割り活動（異学年交流）後の振り返りを共有していたとき、

「おにごっこが　楽しかったです」

と一人の子が言いました。

教師はそれを板書し、文節ごとに違う色で線を引きます。

「六年生と　百人一首をして　楽しかったです」

少し長くなったら、「六年生と」にまた違う色で線を引きます。そのうちに、

「六年生と　色ぬりで　いっぱい　遊べて　楽しかったです」

「六年生と　新聞紙じゃんけんをして、優勝して　うれしかったです」

と、どんどん長い文を言う子が出てきました。

この辺りになると子どもたちは、詳しく話せば、様々な色で線が引かれるということがわかってきます。そして、さらに詳しく話そうと考え始めます。

次々と長い文を言う子が現れ、そのたびに様々な色で線を引いていると、ある子が、

「カラフルな文だね！」

とニコニコしながら言いました。「たくさん線が引かれている文」を〝ネーミング〟したわけです。なんて素敵な表現でしょう。大いにほめ、黒板に大きく「カラフルな文」と書きました。

一年生に「様子や気持ちを表す言葉を入れよう」と言っても、伝わりにくいものです。しかしこの瞬間、〈様子や気持ちがより伝わる文＝カラフルな文〉がクラスの合い言葉になりました。これ以降は、文を書くときに長い説明をせず「カラフルな文にしようね」と言うだけになりました。子どもたちは、活動を思い出し、様子や気持ちがより伝わる文を書くようになりました。

このように、〈ネーミング〉をすることでそのときの活動がエピソード記憶で思い出され、同じイメージを共有しながら活動することができます。ネーミングが生まれたとき、教師は大いに感動し、クラスに浸透させていけるようにしたいです。


（茨木　泉）

図解で思考させる

「図解できるところはないかな」、国語の教材研究をするときに考えるのがコレです。

物語文の学習で人物関係を図解する。説明文の事例や構造を図解する。ここで扱う図解とは、見えないものを視覚化するということです。そんなことを考えながら教材研究をしていきます。

「やなせたかし——アンパンマンの勇気」（光村図書五年）では、

「やなせたかし氏とアンパンマンの関係は、どのような関係ですか」

と発問をしたときと、

「やなせたかし氏とアンパンマンの関係は、〈A～D〉のどれですか」

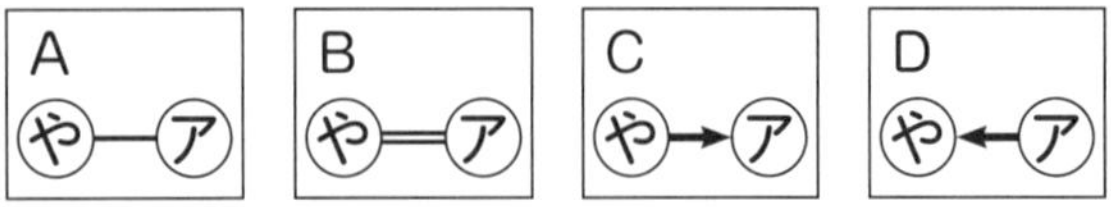

と図を選択する発問をしたときでは、明らかに図を選択する方が考えやすいです。どの子も同じ学びの土俵に上がることができます。

ここでポイントなのは、**「少し足りない」や「どれも微妙に違う」も選択肢にするということです。**

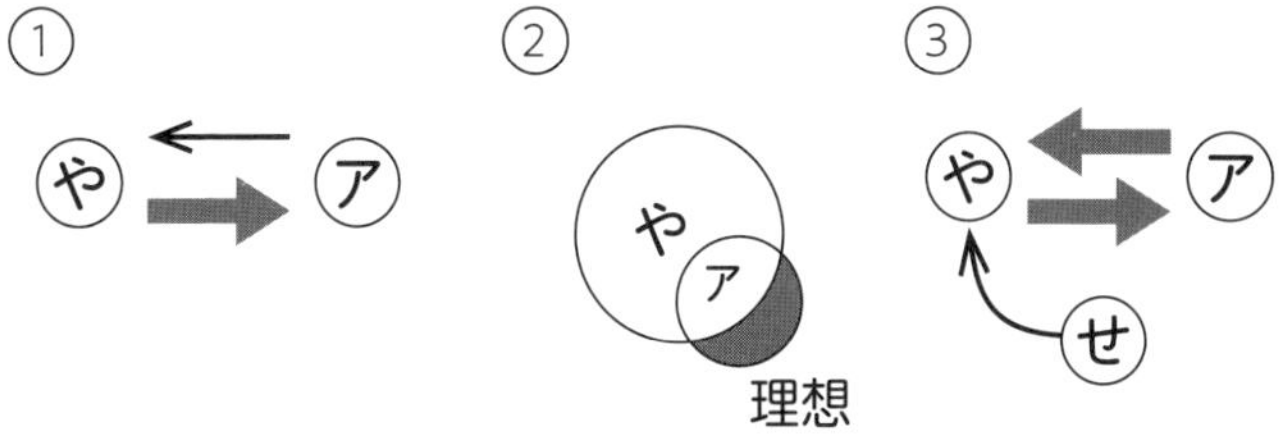

実際の授業では、早々に与えた選択肢以外の図解が出ました。

「自分の伝えたい正義を託したやなせ氏からアンパンマンへの矢印は太い。逆にやなせ氏自身もアンパンマンに勇気をもらっている（①）」「二人は似ているので図が重なっているが、そこからはみ出している部分がアンパンマンに込めた理想（②）」「二人の関係を考えるときに戦争は外せない。一番のきっかけである戦争によって『正義とは何だろう』と考え、アンパンマンに思いを託している（③）」――子どもたちは、教科書に戻って確かめながら理由を説明しようと前向きに学習を進めていきました。「少し足りない」という図解が、思考を生み出すわけですね。

国語の教材研究をするときは、常に「図解できるところはないか」という視点をもつことをおすすめします。

（茨木　泉）

目的別の一覧表にする

例えば、初発の感想文で書いた「この物語のイメージを色で表す」だけを抽出し、次の授業で交流するとき、一覧表にして提示することで、授業の目的に合わせた活動ができます。

「何色が多い？」と分類させることが目的ならば、子どもが書いた色を出席名簿に転記した一覧表を配ります。子どもたちは表を見て、全員が書いた色を分類していきます。はじめから色別に並び替えておくこともできます。そうすると何色が多いか、一目瞭然です。

「ほとんどの人が赤だね。でも○色って書いている人が一人いるよ」

多数派の意見、少数派の意見、それぞれを聞く活動にすぐに入ることができます。

また、「○○物語（どんな物語か一言で表す）」を交流する目的のときも、あらかじめ分類しておき、表の上に□をつけて、「何系かな」と聞きます。

「主題系だ」

「こっちはあらすじ系かな」

観点を考えさせる活動がすぐにできます。

下の表は、「帰り道」（光村図書六年）の初発の感想から、「〇〇物語」だけを抽出したものです。

「主題系」でも「あらすじ系」でもないものには、名前を考えさせました。

「ここは表記面のことだから表記系」「ここは混ざっているからミックス系じゃない？」などです。

子どもの考えを一覧表にするメリットは、全員の考えが載るので全員参加の上で授業をスタートできることです。全員の考えを可視化できます。そして意図して並び替えておけば、分類させる、傾向をつかむ、観点を考えさせるなど、焦点化した授業をすることができます。

※詳細は『熱中授業をつくる！子どもの思考をゆさぶる授業づくりの技術』（森川正樹、学陽書房）に詳しい。

（千原まゆみ）

主題系（メッセージ系）

友情物語（　　）
友情の大切さを教えてくれる（
自分と友達との関係を考えさせてくれる
仲直りの大切さを教えてくれる（
仲が良いのはいいことだ（　　）
考え方を交流することの大切さを教えて
ちがう考えをしっかりと受け止める大切
自分の気持ちを伝えることの大切さを教
言葉のキャッチボールをする話（　　）
話のキャッチボールが成立しないと相手
会話のキャッチボールができていない友

あらすじ系

律と周也の仲直りの話（
もともと仲が良い人たちの出来事（
律と周也が出てくる話（　　）
誤解が多くてギスギスしていた周也と律
律と周也がお互いの苦手なところを克服
仲が良かった二人が、もっと仲良くなる
天気雨がきっかけで律と周也の関係が深
律と周也がケンカみたいになったけど、
2人の良いところが分かる話（

表記系

2人の心情の変化を表した話（　　）
同じ出来事を二つの視点で描いている

意見を意図的に抽出・分類する

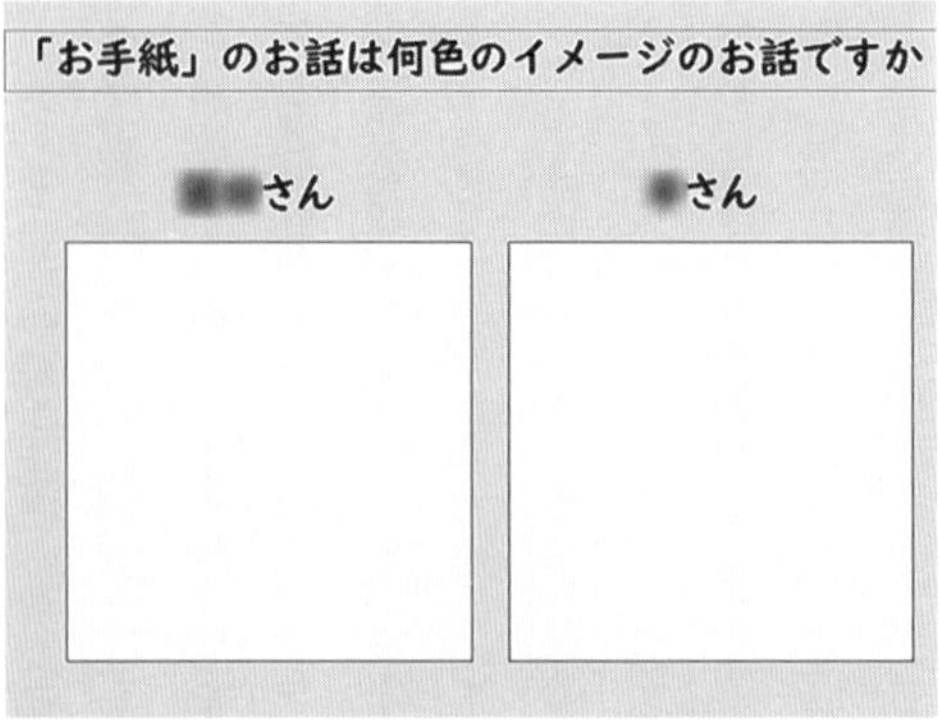

同じ色だけれど，理由が違う二人を抽出してスライドで提示

クラスみんなの多様な考えを発表させたいけれど、発表会になるのは避けたい――そんなときには、事前に集めた子どもの考えを〈意図的に抽出〉〈意図的に分類〉して、対話を生むように準備しておきます。

①意図的に抽出する

発表させたい・考えさせたいものを抽出しておくことで、話し合いは焦点化されます。「お手紙」（光村図書二年下）では、出会いの感想文（※）の中で、「何色のイメージのお話か」を、四角い枠に色鉛筆で色を塗らせ、理由も書かせました。そして、提出させた出会いの感想文を読みながら、

授業で使う意見を抽出していきます。抽出する観点は、

・同じ色だけど、理由が違うもの
・違う色なのに、理由が同じもの
・真逆に見えるような意見、レアな意見、教師の考えを超えている意見
・人物像や主題に迫るような意見

などです。

この授業では、同じ色で違う理由を書いた子の中で、授業にポンと火をつけてくれるような子の意見で授業をスタートし、自分からは意見を言いにくい子をはさみながら、人物像や二人の関係性に迫るような意見の順にスライドをつくりました。その日の学習目標や、その子のタレント性を意識しながら並び替えています。

②意図的に分類する

「海の命」（光村図書六年）では、森川先生から学んだ「読後感を一言で表す」をデジタル学習ツールのロイロノート・スクールで提出させました。それを分類したことで思考が焦点化され、対話が生まれることにつながりました。

教師が事前に把握した子どもの考えを〈意図的に抽出〉したり〈意図的に分類〉したりした上で、子どものタレント性や学習の広がりなどを考えて並べ替えておくことは、子どもの思考を焦点化し、対話を生む手立てとなります。

※「出会いの感想文」…物語文や説明文に出会った際に自分なりの考えや分析を書かせるもの。『熱中授業をつくる！子どもの思考をゆさぶる授業づくりの技術』（森川正樹、学陽書房）参照。

（鷹野智香）

絵本で学級づくり[いつでも]

学級経営に絵本を！ということで，ここでは
年間通じて使える絵本を紹介します。
みんなで笑いたい，しみじみとしたストーリーに
耳を傾けたいときにどうぞ。

『はやくちレストラン』
もぎあきこ 作／森あさ子 絵／
金の星社 刊

時にはみんなで声を出す絵本はいかがですか。パーティーの料理人としてお城に呼ばれた「はやくちレストラン」のカッキクッケコックは、ライバルのサ・シースセーソ・シェフと料理対決することになります。

出てくる料理がとにかく早口言葉ばかり。自分で読むだけではもったいない。**子どもたちにも読ませて、掛け合いを楽しみましょう。**きっと教室が笑いに包まれると思います。

『けしごむくん』
こんのひとみ 作／いもとようこ 絵／
金の星社 刊

みなさん、使い終わった消しゴムは捨てられた後、どうなっているか知っていますか？実は捨てられた消しゴムたちは、消しゴムの学校へ行くのです。そして、自分の持ち主だった人物についての卒業論文を書くのです……。

かわいらしいイラストとは対照的に、学校で勉強できることのありがたさ、学ぶことの意味について深く考えさせられる絵本です。

ちなみに以前担任した二年生のクラスでは、**それまでしょっちゅう落ちていた消しゴムの落とし物が、見当たらなくなりました**（笑）。

『バスが来ましたよ』
由美村嬉々 文，松本春野 絵
アリス館

病気で視力を失ったある男性は、ハンデを乗り越えて職場に復帰します。しかし目の見えない彼にとっては、毎朝バスに乗って職場に通うのはたやすいことではありません。いつものように緊張してバスに乗っていたある日、「バスが来ましたよ」と小さな手が彼の背中を押したのです……。
和歌山で実際にあったお話をもとにした絵本です。このお話のように優しさのバトンを受け継いでいく、そんな子どもたちを育てていきたいと思います。

（中西　毅）

子どもたち自身に選択させる

今求められている、主体的に学ぶ子どもの姿を実現するには、「自分で選ぶ」という経験をさせることが大切です。言われた通りにすることをし続けてきた子どもにとって、いきなり「自分でやってごらん」というのは大変なことだからです。小さな選択から自信をつけていくことが、どの子も安心して自分の学びを広げていけることにつながります。

選択① 言葉

日常の授業の中で、小さな選択を積み重ねます。その最も簡単なことは、言葉を一つに絞らないことです。まとめを書く場面では、似た意味の言葉をいくつか出して、自分が一番しっくりくる言葉を選ばせるようにします。また、何人かの友達の意見や説明を聞く場面でも「誰の意見が心に残った？」と尋ねることで、自分に合うのはどれかを選ぶことになります。こうした小さな選択を日々積み重ねます。

選択② ワークシート

ワークシートを複数用意することで、子どもは自分に合ったものを選べます。私は、振り返りのワークシートとして、罫線だけでなく、図を描いたりするスペースをとったものをいくつか用意しています。ワークシートを選ぶのも立派な自己決定です。

選択③ ツール

何かを提出させるときに、ノートや紙に書いたものを出すか、デジタルで作成したものを出すか選ぶことも一つです。その活動がどういう目的かに合わせて選ばせます。

選択④ 課題

単元中や単元末の活動をいくつか用意することで、自分でこれならできそうという課題を選ぶことができます。教室の子たちを思い浮かべながら、単元のねらいに合わせた課題をいくつか設定しておきます。活動が一つだと、合わない子はしんどい思いをするかもしれません。それぞれの強みが生かせるような選択の幅を教師ももっておきたいものです。

（松下　翔）

ターゲットを絞って書かせる

「先生、書けました！」と誇らしげに作文用紙を持ってくる素敵な子どもたちの姿。しかし、はじめからそのようにできるわけではありません。特に、書くことに苦手意識がある子ならばなおさらです。書くことほど、一人ひとりの差やつまずきの違いが大きいものはありません。一人ひとりに応じた手立てをとっていくことが大切です。

①テーマ・書き方を変えてみる

能力は高いのに、書くことが苦手という子への手立てです。その子は書くことの楽しさに気づいていないということが多いです。ものになりきって書く、YouTuber風の日記、自分だけの大ピンチ図鑑を作ろう、といろいろなテーマや書き方を示すことで、書く楽しさを知ると一気に書けるようになります。

②書くことを具体的に指定する

書き出せない子への手立てです。その子と対話しながら書ける内容を探っていくイメージです。「今日、どんなことをした?」「誰としたの?」と質問をしながら、それを文章にしていくのです。書けない自分を打ち破るためには、まず書けたという「事実」を積み上げることが大事です。そのためには、先生が言ったことをそのまま書くということが有効なときもあるのです。

③その子にしか書けないことを伝える

授業の振り返りでよくする手立てです。授業で活躍した子や、実はこんなことをしていたと教師が見つけた子には、それを伝えて書かせるようにします。

④その子の次の目標を伝える

さらに書く力を伸ばす手立てです。「Aさんは友達の言ったことをかぎかっこで書いてごらん」「Bさんは理由を書くことをがんばろう」と、普段のその子の書く様子から、**その子だけの次のチャレンジ**を伝えるのです。

（松下　翔）

全員挙手でスタートする

ロケットスタートという言葉があります。開始0秒で全員が授業モードに入れるロケットスタートの声かけをしたい――そのために物語文や説明文の授業では、「全員挙手できるようなこと」を聞くのがおすすめです。つまりは全員が答えられる質問をするということです。

例えば、「題名は何ですか」。既習事項です。短くぱっぱっぱっぱっと当てていきます。教師が前で話すのではなく、子どものそばに行って当てていくイメージです。その他、私がよくする質問は、

「説明文ですか、物語文ですか」
「作者（筆者）は誰ですか」
「登場人物は誰ですか」
「何段落ありますか」
「語っているのは誰ですか」

「かぎかっこがついている文を何と言いますか」

「気持ちをもう少しかっこいい言い方で」

というようにテンポよく聞いていきます。国語の学習用語を聞いていくわけです。そうすることで復習、言葉の定着を図ることができます。

四月から行っていけば、子どもたちが質問を考えて子どもたちだけで展開するようになります。

さらに、そこから発問に変わることもあります。例えば、伝記の授業の単元スタートのときに「これは説明文ですか、物語文ですか」と聞きます。子どもが「ん？　どっち？」となればそれを主発問とします。そこから伝記の特性についての授業展開をしていきます。

授業はスピード感を大事にしなければいけません。じっくり考える場面がある一方で、スピードを出して〈ついていかないと感〉を出すことも必要です。（目の前の子どもに合わせて調整することはもちろん大切です。）

授業開始時に必要なのは、〈全員を巻き込むテンポ〉と〈全員が自信をもって答えられる質問〉です。


（藤原　薫）

「合ってますか？」で違いを楽しませる

授業後、「みんなと違うから、発表しなかったんだけど……」と子どもから声をかけられることがあります。〈違う〉考えを出すことにためらわないよう、「違うって面白いね」「違うって楽しいね、すごいね」を授業の中で意図的に仕組むことも必要です。

教師が単に子どもたちの考えを紹介するだけでは、〈違う〉を楽しむことはできません。

T「Aさんは黄色のイメージって書いてたんだけど、気持ちわかる？」
C「わかる！　バッチリわかる！」
T「Bさんの黄色といえばアレだよね」
C「そうそうそう！」
T「Cさんは［　　］は黄緑のイメージって書いてたんだけど、［　　］わかる？」

などと問いかけ、周りの子どもたちに考えを発言させた後に「合ってますか？」と、対話をつくり出させます。すると、聞かれた子は、うれしそうな表情を浮かべてにっこりとうなずいたり、首を傾げて「ちょっと違うかな」と言ったりします。

「みんなの言っていたのとはちょっと違って、手紙、全然来ないなーの黄緑」と言って、みんなは「そっちかー」と言いながら笑っています。

教師からしてみれば、ちょっとどころか全然違うのですが、〈「違う」は面白い〉〈聞いてみなきゃわかんない〉が、もう一つのねらいですから、ニコニコ笑顔で進めていきます。

教師が否定しなかったことで、この後、「オレンジ色」と発言した子の際には、「赤じゃないんだよね〜、温かいイメージで」「夕焼けみたいな？」「そう、夕焼けみたいな」といった素敵な対話が自然と生まれました。心の温かさが、夕焼けのイメージだなんて、子どもたちの感性は、なんて素敵なのだと思ったものです。

「このクラスなら、自分のどんな意見も聞いてもらえるかもしれない」、**そう思わせる授業を計画する**ことも、授業に安心感を生む手立てです。

（鷹野智香）

「必死に手を挙げている」ときこそ冷静になる

子どもたちが先生の投げかけに対して必死に手を挙げている。うれしいです。教師ですから。しかし、この状態、冷静に子どもたちの姿を見てみると、あることに気づきます。それが、「**実は前後の友達の発言を聞いていないかもしれない**」ということです。

子どもたちは自分が言いたくてたまらないために、前の友達が発言した内容をきちんと受け取っていない場合が意外に多いのです。

自分があてられなくて、友達があてられた。その子が話し始めているけれども、自分の意識の中は、「次、言いたい」「あててもらいたい」という気持ちでいっぱいで（これはこれで素敵なことなのですが）、心ここにあらずになっている……。

先生は先生で、子どもたちが必死に手を挙げている姿はうれしいし、「聞いていないかも」という感覚にまではなりにくいものです。教室では毎日このような状況が繰り広げられているかもしれません。ですから、子どもたちが必死に手を挙げているときは、それを喜びつつも、冷静な気持ちも持ち合わせていたいものです。次の二点を心がけましょう。

①子どもたちの様子をよく見る

授業が盛り上がってきているときこそ、全体から個人へと視線を移しながら、子どもたちの様子をよく見たいものです。そうすれば、子どもたちの、発言者への反応が見えます。「つられて手を挙げている」「前の発言を聞いていない」「発言者に注目していない」など……。盛り上がっているときほど、すぐに次のアクションへと移りがちですが、そこをぐっとこらえて、一度子どもたちの発言時の様子を観察してみましょう。

②子どもたちに声をかける

子どもたちの「言いたい」が強すぎて、話を聞いていないと感じられるときは、少し発表が続いたところで一度授業を止め、声をかけます。

「今ね、君たちの話したい、という気持ちが伝わってきて先生はすごくうれしい。でもね、こういうときこそ大事にしてほしいことがあります。何だかわかるかな。それは、きちんと発言者の話を聞く、ということ。今ね、ちょっとそれができていない。自分が言いたいだけの話し合いは、自分たちでつながり合っていけないので、中身の薄い話し合いになっちゃうよ。きちんと聞いて、そこで一旦終わって、次に進もう」

（森川正樹）

「話し合い活動」はつけたい力に応じた形態をとる

「話し合い活動」は授業ではなくてはならない活動ですが、そこに潜むリスクを頭に入れておいた方がいいと思います。

気をつけたいのは、「教師のエゴ」にならないようにすること。

子どもたち同士で話し合ったり、授業を進めたりしている姿は見た目も華やかですし、「すごい！」となるのですが、目的を間違うと、「教師のエゴ」になりかねません。子どもたちの話し合い活動が、〈教師の見世物〉にならないように、そこにはきちんと目的が存在するべきです。

あるとき、「一年間、子どもの司会だけで、国語の物語文の読み取りの授業をしています」という話を聞きました。しかもその先生は実務経験がまだ数年の先生です。

これは、まさに「型」ありきになっていると思われます。

国語のねらいをどう達成しているのか。

司会の子の学びは保障されているのか。

軌道修正はどうしているのか。

意図的な「子ども→子ども」のつなぎはどうしているのか。

心配なことだらけです。

授業の難しさ、授業の怖さを知っている人なら、こんなことはできません。子どもたちだけで一学期からずっと授業を回させるのには、教師のそれなりの力量が必要になります。「話し合わせる内容」「話し合わせる時間」「話し合わせる形態」など、そのときの授業の（読み取りの）目的に合わせて柔軟に授業をしていかなければなりません。「常に子どもも司会の、子どもだけの進行」は、考えられないのです。

教師の「トップダウン式」で、説明重視の場合があります。

一部分を「話し合い」にする場合があります。

話し合いといいつつ、「発表させること自体」を優先しての「発表のさせ合い」にすることもあります。

そしてもちろん、「子どもだけ（に見える）で話し合わせる」ことも。

そのときの目標に一番迫れる、様々な授業進行の方法を意識しておきましょう。

（森川正樹）

話し合いを成功させる「心地よさ」づくり

「どうしたら子どもたちがたくさん発表するようになるのだろう」

「どうしたら主体的に聞ける子たちになるのかなぁ」


教師なら誰でも一度は（いや何度でも？）思うことですよね。

これに対しては様々な取り組みようがあるとは思うのですが、ここでは別の角度から切り込んでみたいと思います。

それが、「心地よさ」。


「話したら、心地よかった」

「聞いてみたら心地よかった」


子どもたち自身が「心地よい」という言葉を使うかは別として、やはりその活動が「心地よいかどうか」は、モチベーションにそのまま影響します。

例えば、「発表してみたら、クラスの仲間が全員で熱心に聞いてくれた」、これを体験したら、子どもたちはまた発表したいと思います。

話せるかは、「話し方」や「発問」は当然大切なのですが、**「話したら心地よかった」という体験をする**ことも話したくなる集団をつくる上で大切です。

「発表をしてみたら、話し合いが盛り上がった」
「発表をしてみたら、クラスの友達に驚かれた」
「発表をしてみたら、今まで気づいていなかったことが見えてきた」
「発表を聞いてみたら、自分とは違う意見に出会えた」
「発表を聞いてみたら、自分の考えをつくることができた」
「発表を聞いてみたら、授業の振り返りに書くことが見つかった」

このような体験をすることで、「話すって、発表するって心地よい」「話を聞いてみたら得をした」という感覚になり、それが次にまた発表する意欲につながるのです。

では、本項で述べてきた「心地よさ」はどうやってつくり出すのか。それは、意図的に教室の空気をつくりあげていく必要があります。いつも〈自然と〉そうなるわけではありません。教師の声かけ、指導が必要です。

①茶化さない

まず大切なのは、友達の発表に対して「茶化さない」ということ。「茶化す」というのは、急に話に割り込んだり、笑ったり、ふざけて聞いたりすることです。そういうことは毅然として教師がシャットアウトしなければなりません。最初の頃は、子どもたちの中には、ふざけて発表者の発言を言い換えたり、関係のない言葉を挿入したりする子がいます。言い間違いを笑う、もよくないですね。

このようなことをすべて遮断するのが教師の仕事です。それはもちろん、発表者が不愉快になるから。そして発表したくなくなるからです。

とにかくまず、この「**友達の発表を茶化さずきちんと受け入れる**」ということは、話し合い活動の大前提として教師が保障していく。きちんと誰もが安心して話せる空気を教室内につくりあげていくわけです。すべてはここから。

②話型よりも状況

次に、話し合いの形を整えていく段階です。

声の大きさ、聞こえなかったときの対応、体の向きなど、話し合いの形を教えていく上で触れていくべきことがあります。その際に、「話型」のように「話す言葉」や「声量のめやす」を表にして提示することがあると思います。視覚化したり、いつでも子どもが自ら確認したりできるのでいいと思うのですが、大切なのは「話型ありき」になるのではなく、今どのような「状況」だからそうするのか、ということです。子どもたちが「自分の考えを届けるためにどうしたらいいのか」をその場その場で判断して工夫できるのが理想です。

そのためには、話し合い活動の初期の段階で、「今、届く声で話せたから、話し合いがうまくいったね」「声の調節ができているから、全員が気持ちよく聞くことができたよ」などと、常に価値づけてあげることです。

それから、「聞こえない」ときに聞き手が、「聞こえない」を表明するのは大切ですが、「聞こえませ～ん」と微妙な言い方をする子がいます。そういうときも、話した人の気持ちを考えて言おう、といったことを指導していきます。

話し合いは小さな配慮の連続で成り立っているのです。

（森川正樹）

漢字練習は自由度を高める

教師として教えることや実践は、自分が受けてきた教育に倣って行うことが多いようです。また、今までずっとされてきた実践を大事にする風潮も教師の世界では強くあります。漢字練習もまさにそうです。漢字練習の宿題は、ドリルをノートに写し、線が引かれている言葉を繰り返し書く――といったものが多いのではないでしょうか。

そこで立ち止まって考えたいことは、「何のために漢字練習をしているのか」ということです。

反復することで覚えられる子がいるのも事実です。しかし、個人に合う学び方を学ばせるチャンスでもあります。覚える方法は個人に委ねてもいいのです。

例えば、「繰り返し書いたら覚えられる」「音読をした方が覚えられる」「空書きをたくさんしたい」「熟語をたくさん書くことでその字の意味とともに覚える」「自分でテストをして間違ったところだけを練習したい」……。

子ども自身が高い意欲で学べる漢字練習を実現させることが大切です。

自分のやり方を見つけ、それを実践する。覚えられたかどうかは小テストなどがありますから、そこで自分のやり方が合っていたかを点検することができます。試行錯誤をしながらそれぞれの個人に合わせた漢字練習のやり方を見つける。そうすることで学び方を自分で学ぶことができるのです。

大切なのは四月の懇談などで趣旨説明をすること。そして、今までの繰り返し書くというやり方ももちろんいいことも伝えることです。

加えて、様々な覚え方をしている子どもたちのノートを共有します。

「漢字を繰り返し書く」ということが、目的なのか、手段なのかを立ち止まって考えることが大切です。

（藤原　薫）

※参考文献：『クラス全員が熱心に取り組む！漢字指導法』（土居正博、明治図書）

計算の仕方を「口ずさむ」

低学年だと、たし算やひき算の計算の仕方を声に出して定着させていきますよね。特にひき算の計算の場合、子どもたちの計算の様子を見ていると、繰り下がりがあってもちゃんと繰り下がりの計算ができていないことがあります。でも、なぜか買い物の話になるとちゃんとおつりの計算はできています。切実感をもつと計算ができるようになるのではないかと考え、「十の位の気持ち」を考えながら計算の仕方を言ってみてはどうかと考えました。

それまでの学習で十の位から一の位への繰り下がりの計算ができるようになっている子どもたちに対して、百の位から一の位まで繰り下がるひき算ではどう計算すればいいか考えることを今日の学習として挙げました。例えば、102－65を例にします。繰り下がりが二回ある計算だということに気がついたある子に、「十の位ってどんな気持ちだろうね」と聞いてみました。すると、「一の位に1をかしてあげたいのに、かせなくなりました。だから（十の位は）どうしようって思っていると思う」と答えました。そして、私は「どうしたらいいのかな」と全体に問いました。別の子が「十の位からかしてあげられないなら、おとなりの百の位からかりたらいい。それで一の位にかすことができるようになりました」と擬人化して計算の仕方、十の位を発表しました。そこで「十の位の気持ち」を入れた計算を言うことにしました。

①102ひく65は
②一の位2ひく5はひけません。
③十の位0から1かしたくてもかせません。
④百の位1から1かりて0　十の位は10　一の位に1かして9
⑤一の位12ひく5は7
⑥十の位9ひく6は3
⑦こたえは37です。

計算の言い方はいろいろあります。子どもたちの発想は本当に豊かだなと感じました。まさか、算数の学習中に「十の位の気持ち」について考えることになるとは思いませんでした。周りの子どもたちも同じように「十の位の気持ち」を考えようと賛同できるところも素敵だなと感じた算数の学習でした。その後も「十の位の気持ち」と言うだけで、計算の仕方を思い出せる「教室言葉」となりました。

（田上尚美）

「振り返り」を教材として活用する

今日は授業が盛り上がった、思考する時間がもてた。そんな授業の終わりには、時間をとって、「振り返り」を書かせます。どの子の文章にもキラリと光る一文や言葉がありま す。子どもに発表させたり、教師が読み聞かせたりするだけではなく、振り返りを学習材料として子どもたちに配付します。

①観点別にまとめる

次ページは、「海の命」(光村図書六年)の学習の中で、クエを追い求めていた太一が、瀬の主を殺さなかった理由について話し合いをした日の「振り返り」をまとめたものです。この日の授業で子どもたちは、様々な文章を根拠に、多様な意見をつくり出していました。これを共有・活用しない手はありません。憧れの父派、与吉じいさの教え派、瀬の主の存在派、村一番と一人前の漁師の考え方の違い派、そして、象徴としての「海の命」につながる意見派……。教師は、「振り返り」を読みながら、どのような観点に分けてまとめれば、子どもたちにわかりやすく、そして、今後の授業につながるかを考え、まとめます。

6の2国語Twitter 第十一回座談会　～「海の命」は、話し合うと面白い～

★【太一がクエを追い求めている理由】

・父とライバルでないことが、「おとうといっしょに海に出るんだ。」のところでわかった。（[redacted]）
・父に憧れているのに、父に勝ちたいは違う。私はかたき討ちだと思う。（[redacted]）
・太一が**クエだけ**にしぼって探していたから、かたき討ち。他に巨大なものはいるのに、それも**眼中に入れずにクエ**だけをねらっているのはおかしいから。かたき討ち。（[redacted]）
・**父に憧れ**ているのにライバル視するはずがない。中学で無理やり弟子になったのは瀬の主を殺すため。（[redacted]）
・かたき討ちだったら、「いつか父を破ったクエを殺してやる」とずっとうらんでいる文があるはず。でも、この『海の命』では、見たことない。（[redacted]）
・父のかたきなら、「この魚をとらなければ、父のかたきを討てない」と書くのではないか。（[redacted]）
・最初、父に勝ちたいだったけど、ただ単に父が敗れた瀬の主に**会いたかった**。でも、殺そうとしていたから違う。（[redacted]）・父に勝ちたいなら、もっと大きい魚をとった方が良いけど、**ほぼ一年をかけてずっと探して**いたんだと思う。父を破った瀬の主にかたきをとるために瀬の主を探していたから、父を破った瀬の主を殺せば父を超えて、本当の一人前の漁師になれると思ったから、クエを追い求めていた。かたき討ちも、父に勝ちたいも、父のようになりたいも、**すべて瀬の主を刺す**という発言が納得した。（[redacted]）

【「太一は瀬の主を刺す気まんまん」（[redacted]）】

・もし自分だったら、**容赦なく**ブッさしています。（[redacted]）・もし、クエを刺したと考えると、「一人前の漁師」と「かたき討ち」の２つの**目標が片づけ**できる。（[redacted]）

★【太一はなぜ、殺さなかったのか】

憧れの父

・太一はクエを父と思ったら、「殺さないといけない」から、「**殺さなくていい**」になった。（[redacted]）
・クエのことを父だと思って、クエを**殺さずに済ませたい**と思った。（[redacted]）
・太一はなぜ、瀬の主を刺さなかったのか。それは、「海のめぐみ」や「千匹に一匹」のように、海の命を大切にして、**父のようになりたかった**から。海を大切にしたい。おとうのように海のめぐみを大切に、守りたかった。（[redacted]）

与吉の教え

・与吉爺さんが入れ替わり殺さなかった。そんなちょっとした**出会いで考えが変わっていく**んだなと思った。（[redacted]）
・こっそり、与吉じいさにばれないようにもぐりをしていた。太一は**もりを突くすんでで、刺したらいけないと気づいて**、さすのをやめた。太一は与吉じいさの**弟子になって、魚の大切さを学んでいる**。与吉じいさのひとりごとは意味があったと気づけた。（[redacted]）
・与吉の考えにより、太一は瀬の主を殺さず、守るためにかくした。（[redacted]）

【瀬の主は海の頂点にいる魚（[redacted]）】

・瀬の主は、[redacted]さんが言っていたように、海の頂点にいる魚で、**豊かな海を守っているか**のような存在。海を守るということは、**父**の「海の恵み」にも関係してくると思って、その姿が重なって殺さなかった。（[redacted]）
・瀬の主がいることで、**海の命が安定**している。魚がたくさんいるということは、「豊かな海」ということ。なぜ「豊かな海」なのかというと、「**千びきに一ぴき**」**しかとっていないから、豊かな海**ができている。（[redacted]）
・魚は食べなければ死んでしまう。**人間もそうだ**。食べなければ死んでしまう。だから、人間も食べる。（[redacted]）
・この魚は**食物連鎖の一部**として「海の命」と思うことができたという[redacted]さんの意見に「あっ」となりました。（[redacted]）

【「村一番の漁師」と「本当の一人前の漁師」】

・村一番の漁師をまとめると、「海を変えずに、海の命を大切にし、**今のままの海を守る**」ということ。本当の一人前の漁師は、父に認められたいなど**自己中心的**になってしまう。これが、村一番の漁師と本当の一人前の漁師の違い。（[redacted]）
・太一みたいな、海の命を少ししかとらず、大事にすること。**魚、海のつながり**のことを考えている人。（[redacted]）
・村一番は、実力じゃなく気持ち。魚に対する思いとかもそうだし、父とか与吉じいさとかは、**海に対する特別な感じ**をいだいていて、**海と共存する**という考え方を持っているのが「村一番の漁師」本当の一人前の漁師は、**実力的な話**。**気持ちを大切にしているのが太一**だからこその、クエ（海の命）を殺さないという気持ちになったと思います。（[redacted]）
・本当の漁師は、どんな魚でもかわいそうと思わない漁師。魚にかわいそうとか思っていたら、**漁師になれない**。（[redacted]）
・村一番の漁師は、海にやさしく海を思っている漁師。**太一が気になっている本当の一人前の漁師は、漁師としての役割を果たす漁師**。（[redacted]）
・海の**安定を保つ**ため。**海の命**を変えない、守るなど、海を安定させることができる漁師。海の命をくずさないようにするため。（[redacted]）

【瀬の主は海の命だと気づいた（[redacted]）】

・太一は**海を守ったんだ**なぁ。（[redacted]）
・太一は、与吉じいさや父のやってきたことを**無駄にしたくなかった**。与吉じいの「千匹に一匹」父の「海のめぐみ」をこわすと、**この海で生きられなくなって**しまう。与吉じいさは「この海でずっと生きられる」ようにして、生活と海を守って、**二人は海をしてきた**。（[redacted]）
・**海に感謝**するということ。（[redacted]）
・瀬の主が海を豊かにしてくれている。おだやかに海を見守っていて、それに**太一が気づいた**。（[redacted]）
・海の命だから、海の命を殺せば、**海が変わって**しまうから、海に帰った父と考えて殺さなかった。（[redacted]）
・瀬の主は与吉と似ていて、生活する分しかとっていないけど、長生きをしている海（瀬）を**守っている感じ**。（豊かな海）（[redacted]）
・太一にとって**自然な海は**、**太一自身が関わってしまうのはよくない**と思い、クエを刺さなかった。（[redacted]）
・瀬の主は、たくさんの魚を食べていて、**その分の命をいただいている**。（[redacted]）
・「おとう、ここにおられましたか。**また会いに来ますから**。」と思うことで殺さなかった。（[redacted]）
・「**生涯誰にも話さなかった**」は、海を守るためだと分かった時、「さすが**最後の行**…」と思った。**とにかく海を大切に**している太一。（[redacted]）

★【太一は「　　　　」を追い求めている】

【「ぼくは漁師になる。おとうといっしょに海に出るんだ。」（[redacted]）】

・父に勝ちたいなら、「ぼくは漁師になる…」がその後、「いつかおとうを超えてみせるんだ」になるはず。父をぬかすじゃなくて、**父と同じになりたい**。「**おとうと一緒の海に出る**」は、**おとうと対等**にということ。（[redacted]）
・「おとうと一緒に海に出るんだ」というところで、勝ちたいというより、**一緒に漁がしたい**ように思える。（[redacted]）

【新たな疑問】

・なぜ、瀬の主と太一の父の姿が重なったのか。（[redacted]）
・「また、会いに来ますから」と書いているのに、後話には何も書いていないから、「会いにきます」ってなんなんだろう。（[redacted]）
・海に帰るとは、どんな基準があるのか。母は行けるか、ただの比喩か。（[redacted]）

②読み聞かせで共有する

次ページの「振り返り」は、「お手紙」（光村図書二年下）の学習をしたときのものです。低学年であれば、この文字量を一人で読み進めるのは大変です。大切な言葉は目につきやすいように〈太字〉で〈大きめ〉にしていますが、低学年の場合は、教師が読み聞かせを行います。

その際には、

「いいなと思った意見は、赤鉛筆で線を引いたり、丸をつけたりしよう」

と声をかけ、〈太字〉で〈大きめ〉にしておいた大切な言葉を強調して読んだり、

「〇〇って、いい言葉だね〜。先生だったら赤線引くなぁ」

と言ったりしながら、何が大切かわかるように読み聞かせをしています。

高学年の場合は、クラスの実態に合わせて、基本は各自で赤鉛筆で線を引きながら読み進めさせますが、「ここぞ」という意見は、もれがないように、教師が紹介しています。

２年５組　国語つうしん　　　　　名前（　　　　　　　　　　）

十月二十六日　「かえるくんのやさしさ」

【がまくんがかなしいと，かえるくんもかなしい】

・①場めんのがまくんは，とてもふしあわせ。いつもお手紙がこないか見ていたけど，一回もきたことがないから。②場めんのがまくんは，まずまずいやな気もち。ちょっとあきらめていたから。③場めんのがまくんは，もう，めちゃくちゃいやな気もち。いやでベッドにねていたから。（[redacted]）・②場めんのかえるくんがせけんしそうなのが，びっくりしました。（[redacted]）
・がまくんがかなしい気もちになったら，かえるくんも気もちがかわる。（[redacted]）
・がまくんがえ顔じゃないと，自分（かえるくん）の心までゆううつになってしまう。（[redacted]）
・ともだちがかなしいかおをしていて，聞くと，かなしいことだったら，自分のことのようにかなしい。（[redacted]）
・やっぱり，かえるくんとがまくんはしんゆうだから，[redacted]さんの言うとおり，気もちも同じになる。（[redacted]）

【なぜ，がまくんに手紙のことをお話したのか】

・できるだけ早くしゃべらないと，ずっとかなしい心のままだった。かえるくんは，がまくんのしんゆう・なかよしだから，かえるくんはお手紙を出した。（[redacted]）
・[redacted]さんが，「早くえがおになってほしいから，お手紙を書いたことをおしえた」というのが，とってもわかりやすいなと思った。（[redacted]）
・しあわせになって欲しい。わたしは，かえるくんの気もちはわからないけど，たぶんあっているとうれしいです。（[redacted]）
・[redacted]さんが言った，早くしあわせになってほしいのと，[redacted]さんが言った早くえ顔になってほしいから。（[redacted]）
・早くえ顔になってほしいから。早く気分をよくして欲しいから。がまくんが気もちよくなってほしいから。（[redacted]）
・はやくうれしくなってほしかったから。（[redacted]）
・[redacted]さんが，「早くえ顔になってほしい」って言ったところがいいと思った。（[redacted]）
・これいじょう，かなしくさせたくなかった。（[redacted]）
・早くえ顔になってほしいから。（[redacted]）
・早く元気になってほしいから。（[redacted]）
・早く，え顔としあわせになってもらいたいから。（[redacted]）
・[redacted]さんが言っていたように，早くえ顔になってほしいから。ふたりはしんゆうだし，これいじょうがまくんにマイナスな気分になって欲しくなかったから，言っちゃった。（[redacted]）
・早く元気になって，いっしょにあそびたかったから。（[redacted]）
・これでがまくん元気になるといいな，いつものがまくんにもどってほしいなという，思いやりのやさしい心にそって言った。かえるくんはスター。え顔にできるスター（[redacted]）
・がまくんに早く元気になってほしかったから。がまくんによろこんでもらいたかったから。（[redacted]）・かなしそうだから。元気をとりもどしてほしいから，しって欲しいから。（[redacted]）

【かえるくんのやさしさ】

・かえるくんがやさしいと思った。がまくんのことを思って，いろんなやさしいことをしているから，やさしい。これで元気になってくれるといいなと②場めんで思っているから，かえるくんはやさしいなと思った。あと，①場めんの，自分までかなしいと思ったことがとってもやさしいなと思った。（[redacted]）
・やさしさは，手紙をあげるのもやさしさだけど，手紙のことを話すのもやさしさってわかりました。（[redacted]）

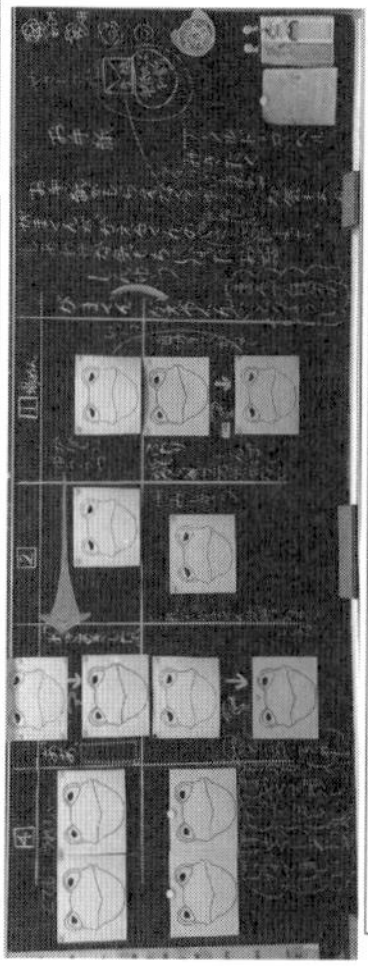

【今日《きょう》のMVP《エムブイピー》】

・今日のMVPは，[redacted]さんだと思いました。気もちがかわると，きごう（？）が出てくるのをはっ見しました。（[redacted]）
・[redacted]さんは，「いちども（が）ない」のところに，？を見つけた。（[redacted]）
・[redacted]さんは，「いちどもない」とかえるくんが言っていたのが「？」と思っていて，合っていたから，すごかった。（[redacted]）
・今日のMVPは，[redacted]さん。みんなが気づいていない「？」マークを，きょうか書には書いていないのに，「？」マークを見つけたから。（[redacted]）

・このお話は，気もちがいっぱいつたわって，
つまり，
「心の話」「きもちの動きのお話」（[redacted]）

このように、読み聞かせをしたり、線を引かせたりすることで、次の授業に向けて印象づけたい意見に意識を向ける手立てとしています。

③さらに思考させる

「振り返り」の学習は、四十五分間しっかり使って行うこともあります。そこで、さらに新たな学びが生まれるように、教師は思考させるための〈しかけ〉をします。

〈しかけ例〉

・【　　】で新たな言葉を考えさせる
・吹き出しを使って、自分の意見を書かせる
・「線を一本引いて、(意見を) 二つに分けなさい」と指示する
・ランキングを決めさせる (次ページ参照)

6の2国語 Twitter 「宮沢氏表現すごいぜ！ランキング」

【かぷかぷ笑ったよ】
・とにかく印象的（）
・やっぱり一番心に残るし、気になりすぎる。こんな表現使うの？なにこれー。と思った。（）

【つぶつぶ暗いあわが流れていきます。】
・小さいのがわかる。『やまなし』に出てくるもののサイズ感もわかりそう。（）

【ぼつぼつぼつと、続けて五、六つぶあわをはきました。】
・あわにぴったり。（）

【死んだ　殺された　死んだ】
・心にグサッとささったり、心に残る。（）

【日光の黄金は、夢のように水の中に降ってきました。】
・夢という一言だけで、楽しそうや、うれしそう、ふわふわするといった気持ちになれます。表現の仕方を真似したくなるくらいです。（）
・「水の中に降ってきました」だけでもいいのに、夢のようにってつけ足すだけで、雰囲気が変わる。（）
・日光の黄金が**舞い降りてくる**みたいな感じで、夢は明るくて楽しかったりすること。この表現は宮沢氏らしい。（）
・夢のようにという言葉だけで、イメージがいっしゅんで明るくなった、広くなった言葉。宮沢氏は一言でイメージを変えるすごい人。（）
・誰も思いつかないんじゃなくて、**誰も思いつけない表現**。（）
・きれいだとか、たくさんだとか、楽しいだとか、いろんな表現にできて、夢ってそれを表しているところがいい。（）
・ここに夢のように持って来る？ってくらいすごいです。別に入れなくても意味は伝わるところに持って来るからこそ、賢治のすごさがより表れて広がる。（）

【今度は、そこらじゅうの黄金の光をまるっきりくちゃくちゃにして】
・静かで動いていないような水や光を、魚が動かしているのがわかる。（）

【まるでぎらぎらする鉄砲玉のように】
・楽しい雰囲気なのに、急にそのときです。から雰囲気

【ラムネのびんの月光がいっぱいにすき通り、】
・ラムネのびん＋緑がかった青（うすめ）の月光がきれいそう。（）
・月光は月光でも、ラムネのびんや月光のにじなど、いろんな月光が出てくる。（）
・これは、キレイな、また賢治らしい。賢治はラムネが好きなのがよくわかる。（）
・（）さんが「月光は月光でも、違う色をしている」と言っていた。**違う表現をしている　違う色になる。**（）
・「ラムネのビンの月光」から、賢治の見えている世界など、表現にギリギリせまるということができていていい。（）
・ガラスでできているから、そこに月光があったり、そこらじゅうに反射してきれいになっているのが想像できる。（）
・ただのゴミだけど、そこからきれいにして、そして不思議な感じにしてくれている。言葉だけで、川の様子までくっきり想像できる。ぶっちぎりで一位です。（）

【あんまり月が明るくきれいなので】
・月が明るいのはあたりまえのことだけど、そこにきれいという言葉を追加していて、きれいっていうのは、ただ明るいんじゃなくて、反射できれいに見えた。（）

【トブン】
・この三文字は、この話に合っている。小さいので、「トブン」という言葉にしたのがうまいなと思います。（）
・この一つのオノマトペだけで、大きさや周りの音などがわかる。（）
・賢治の表現がすごい。「ト」というのが、やまなしを想像させてくる！（）
・カニ視点でも、このやさしめのトブンということだから、そこまで考えていいな。（）
・小さい音をトブンって使ってる。（）
・小さいのでトブン。トブンっていう音でも、やさしい音。（）
・暗いという感じでもなく、明るいって感じでもなく、ただなんかやさしいとか、**おだやかな**トブンだなと思いました。（）
・私の考えには一切なかった言葉をうまく使いこなしている。（）
・インパクトがある。（）
・ドブンとちがって、少し軽い感じで、（）さんのトブンの言い方が一番私が思うトブンにあっている。（）
・やまなしの**イメージがこの中につまっている。**（）

【月光のにじがもかもか集まりました】
・月光の虹で、もかもかがよくて、きれいになる。（）

【水がサラサラなり。】
・水の中では、音なんか出ないのに、「サラサラなり」って、もう、水の特徴全部に当てはまらなくて、え？どうやったらサラサラなるのか、疑問に思った。サラサラ**頭に音が鳴っている**（）

共有後，さらにTOP３の表現を決めさせた

振り返りは、授業の参加度、理解度を評価するための材料として有効な手段ですが、それだけではもったいないと思います。子どもたちが真剣に向き合った意見を活用するツールとして取り入れることで、読解がさらに深まると考えています。

（鷹野智香）

絵本と授業をつなぐ

読書家の子はもちろん、そうでない子も、読み聞かせは大好きです。それを、授業に使わない手はありません。**絵本を学習に生かすためには、〈意図的な順〉と、〈学習を見据えた質問〉を組み合わせます。**「お手紙」（光村図書二年下）の例を挙げて紹介します。

①順番にこだわる

「お手紙」では、「親友」の意味を二年生なりに全員に考えてほしいと思いました。主題につながる大切な言葉だからです。そこで、絵本の力を借りることにしました。

学習に入る前にまず、かえるくんが、〈がまくんのため〉に行動するお話ばかり読みました。がまくんはいつも助けられているという、いわばだめなやつ感をあえて印象づけるためです。そして、「お手紙」の学習に入る直前、これまでとは逆に、がまくんが、〈かえるくんのため〉に行動するお話を読みました。すると、「がまくん、ちょっとかっこいいやん」と、今までとは違うがまくん像に子どもたちはびっくり。これを学習とつなげ、「お手紙」の学習では、二人の関係性を二枚の図解で示してどちらか考えさせたところ、子どもたちは、絵本のお話を引用しながら、二人は〈助ける↓助けられる〉（①）の関係ではなく、お互いに〈仲良し〉（②）な関係であることに気づくことができました。

①
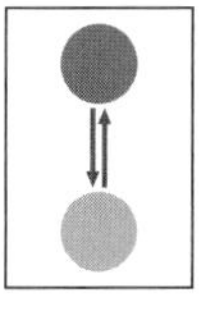

②
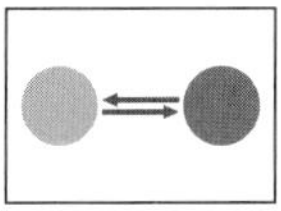

②読み聞かせに質問をプラスする

「どこが面白かったですか」「かえるくんとがまくんどちらが好きですか」「（色や形のイメージを二つずつ提示して）かえるくんですか、がまくんですか」「どちらのお話が好きですか」

読み聞かせ後、授業で取り扱いたい内容に関連する質問を子どもたちに投げかけました。すると、展開の面白さや、二人の性格の違いの面白さを感じ取る子が学習に入る前から出てきました。それによって、全員の理解レベルをある程度そろえた上で、「お手紙」の学習に入ることができました。

シリーズ本、椋鳩十などのテーマが似ている本、宮沢賢治などの読解が難しい本……。**絵本と授業をつなぐことは、読解の手立てとなります**。そして、何よりも「明日のお話も楽しみ～」の一言が、明るく、学習を楽しむ雰囲気のクラスにします。

（鷹野智香）

「できた人から持っておいで」はチャンスの時間

算数などで、一人ひとりの進度を見るために「できた人から持っておいで」と丸付けをしていく場面があります。

先生は一生懸命丸付けをしているのですが、早くできた子がさっと並び、まだ始められていない子を見逃す／丸付けをしてもらった子が「次は何をするんですか」とせかす／間違えた子への説明に時間がかかり、列が延びて並んでいる子が話し始める／教室がざわざわして集中が途切れる／できない子は席でほとんど問題を解き終えないうちに時間切れになる――といった光景はないでしょうか。

「できた人から持っておいで」が、**本当に「できている子」を見るだけの時間になっているのは危ういこと**です。教室には、いろいろな子どもがいます。「できた人から持っておいで」と言うときは、むしろ「できなくて持ってこられない子」をサポートする時間を生み出すチャンスにしたいものです。

ポイントは、

①まず全員がやることがわかっているかを確認する。板書もしておく。（教科書の何ペー

ジの何番、あるいはプリントのどこまでを解いたら見せるのか。)
②おおよそのやり方がわかっているかを確認する。一問は一緒に解く。(できればノートの書き方も共通するように視覚化できるといい。)
③スタートできていない子がいないかを見るため、教室内を一巡するくらいの時間を確保する。(一人目に丸付けをする子がそのくらいの時間に解き終わるように調整する。「五番まで解けたら持っておいで……」のように。)
④丸を付けるのは間違えそうな問題だけに絞る。(問題のパターンが変わって、0を抜かしたり約分を忘れたりしそうな問題でも関所のような存在になる。)
⑤クリアした子がすることを明確にしておく。(新しい問題をつくって渡すときりがなくなるので、自分で同じようなパターンで練習問題をつくるなどがおすすめ。)
⑥「まだ一回も見せに来ていない子、おいで」の時間をつくる。あるいは自分から見て回りサポートをする。(この時間が多いほどいい。)
個別の対応をすることで救われる子はたくさんいます。最後に「やることが終わった後も、自分の力を伸ばすために時間を使えた人?」と聞いて、どの子も全力でやることを価値づけられるとさらにいいでしょう。

(山岡真紀)

「できない」ことを逆手にとる

小学校の場合、教師自身も得意でない教科を教えなければならないことがあります。得意科目に比べて、準備に時間がかかるし、子どもたちからの反応も気になるでしょう。うまくいかないことが続くと、得意な人が指導したら子どもたちはもっと伸びることができるのではないかと落ち込んでしまうことはありませんか。私はよくあります。

そんなとき、いつも思い出す中学校の授業があります。

それは家庭科の調理実習。そのときに担当だった先生は、技術科が専門で、家庭科を教えるのは初めてだったそうです。

普通であれば、実習の前にあるはずの手順の説明は全くなし。いつも実習の数日前に作り方と材料が書かれた紙が配られて、グループで買い出しに行っていました。（今からは考えられないですね。すごい時代です！）

スーパーで、ほとんど見たことのない「ゆりね」を探し回ったこと。

ぎょうざを焼くのにいくつもの班が失敗したこと。

意外な子の包丁さばきがうまくてヒーローになっていたこと。（先生は自分が苦手なので、うまい子がいると「おーい、みんな集まれ」と呼んでいました。）

ずいぶん昔のことなのに、他のどんな授業より思い出に残っています。しかも、失敗も成功も含めて自分たちの力でなんとか取り組んだ経験から、「料理はなんとかなる」という自信にもつながっています。

これはとても極端な例だと思いますが、自分が今、〝うまくいかない〟と悩んでいることや自信をなくしていることも、もしかしたら（当時、その先生がどのくらい悩んでいたかは知る由もないのですが）子どもの何かの役に立つことがあるのかもしれません。

だから「苦手なことやできないこと」もたまには認めたいなぁと思うのです。

できないままでいい……と開き直るのではありません。もちろん技術を高めていく努力は行いながらです。

「先生、あんまり得意じゃないねん」「うまくできる人、コツを教えてくれない？」とゆだねる方がうまくいくこともあるかもしれません。

（山岡真紀）

授業を日常に落とし込む

道徳授業では、授業で学んだことを自分事として捉え、自分の日常生活や今後の人生に生かしてほしいと願っています。

学んだことを意識させるためには、教師の日々の声かけが必要です。例えば、友達への思いやりのある行動が見られたら、すかさず「道徳で勉強した○○さんのようだね」などと教材と子どもたちを結びつけていくことを積み重ねていきます。

ここでは、五年道徳の実践を紹介します。

五年生の二学期に、国語で「やなせたかし――アンパンマンの勇気」（光村図書）を学習しました。時期を合わせて、道徳でも「アンパンマンがくれたもの」（五年道徳、光村図書）を扱いました。日常に落とし込めないかな、と考えてつくったのが「アンパンマン度」（次ページの表）です。

アンパンマンは「苦しむ人のために行動することは正義」だと教えてくれます。そこで「自分のアンパンマン度を一つでも上げよう週間」を設定しました。自分の今のアンパンマン度が一個上がる行動をしてほしいな、そうすればより優しく助け合えるクラスになれるね、と語りました。子どもたちの一週間後の振り返りです。

> 自分は「ア」だった。思ったことをすぐに言ってしまって、人をいやな気分にさせていると思ったから。一週間気をつけたら、言い合いが減った。だから「アン」になれた。来週はもっとがんばりたい。

> 自分は「アンパン」です。先週は「アンパ」だったけど、○○さんに、「ありがとう。やさしいから『アンパ』より『アンパン』に上がったんじゃない？」と言われて、うれしくて少し自信がつきました。

6	アンパンマン
5	アンパンマ
4	アンパン
3	アンパ
2	アン
1	ア

教室の黒板の上にはアンパンマンのぬいぐるみを置き、「いつでもアンパンマンがあなたたちを見守ってくれているよ。あなたもアンパンマンになれるよ！」と励ましました。**度数が上がればアンパンマンに近づけるという設定**がわかりやすかったのか、子どもたちは意識してアンパンマンを目指すべく、いつも以上に優しい言葉かけや行動をしていました。素直な子どもたちを愛おしく思えました。その後も折に触れてアンパンマン度を登場させることで、クラスはアンパンマンの集団になりました。

（千原まゆみ）

「子どもの席」に座って授業を捉えなおす

放課後、子どもの席に座ってみる、ということをされたことはありますか。

唐突に始まりましたが、放課後に子どもたちのいない教室で、今日あったことを思い出し、一日を振り返る……ということを新任のときに聞きました。

さっきまでそこに子どもたちがいた余韻の残る教室こそ、いろいろなことを感じ、気づくことができる場所ですね。

さて、同じように放課後、子どもたちの席に座って授業について考える、というのもなかなか面白いですよ。

ガッツリと授業を組み立てるというよりも、授業のときの子どもの立場を思い描くというか……。授業を受ける側の子どもの視点を取り込んでみるのです。

私たち教師が教室の前から見えている視界と、子どもたちが自分の席から授業を受けている視界はずいぶんと違います。

座ってみると、いろいろなことに気づきます。

意外と黒板の右の方は見えにくいなぁ。

下に書きすぎると、後ろの子は見えていないかも。

磁石って意外と色によってインパクトが違うなぁ。


いろいろ感じます。さらに、席は一か所にとどまりません。一番後ろの両側とか、一番前のど真ん中とか、前の右端とか……。そうするとまた違う世界が見えてきます。

一番前は結構両端が見えにくいなぁ。

一番前の子の前に教師が立つとなかなかの〈圧〉だなぁ。

端の子は反対側の端がほとんど見えていないなぁ。


などなど、子どもの感じていることの一端を感じることができます。

そういうことを取り込んだ上で、その日の授業を振り返ったり、次の授業のことを考えたりする……それによってまた別の視点で授業を進めようとする自分が生まれるはずです。

時々子どもの席に座ってみて、子どもの視点、視野を取り込むのは有意義なことだと思います。


（森川正樹）

言葉を削る

「授業で教師がしゃべればしゃべるほど、授業は濁っていく」ということを森川先生の教室での実践を通して実感しました。

教師が長々ダラダラと話していると、子どもは教師が何を伝えたいのかわからず混乱してしまいます。そして、教師がしゃべっている時間が長いということは、子どもたちが話す時間や活動する時間が減ってしまうということです。限られた授業の時間を、子どもたち主体のものにしていくためにも、教師は言葉を選び抜いて必要なものだけにします。

大西忠治氏は授業中に教師が発する言葉を「指導言」と呼び、「発問」「説明」「指示」の三つに分類してそれぞれの特徴や授業でどのように使うのかについて整理しています（※）。詳しい説明はここでは割愛しますが、これらの機能を教師が意識して使い、目の前の子どもたちの状態に合わせて選んで使いたいものです。

四月の段階では、子どもたちが安心して授業に参加できるように、特に丁寧な言葉がけが必要なので、教師が話すことはやはり長くなります。この時期は、「説明」の比重が大きいからです。活動の目的や、今やっていることの意味や価値を語っていくときです。また、学習の方法・手順もしっかり「説明」していきます。子どもたちが見通しをもち、その価値を理解するようになると、「説明」が段々と減っていきます。

「発問」や「指示」は、明確に分けて使う場合と、それぞれの要素が入り混じっている場合とがあります。例えば、物語の流れをイラストで表現したものを順番をバラバラにして提示して、「正しい順番は?」という「発問」をすると、言葉の裏に「並べ替えなさい」という「指示」が含まれています。逆に、「並べ替えてごらん」という「指示」は、「正しい順番を考えなさい」という「発問」にもなります。どちらにするか、両方きちんとするのか、どれが目の前の子どもたちに合っているかを考えることが大切です。子どもたちが育ってくると、「先生の動作」が「発問」や「指示」になります。先ほどの例でいうと、イラストを並べるという教師の行動が、「順番は合っているか?」という「発問」にもなっているのです。子どもたちがそれを見て、「順番、違うんじゃない?」「並べ替えてみようよ」「本文のどこにあったっけ?」と話し始めたら、教師は黙って見守るだけです。

子どもたちが主役の授業にしていくために、教師の言葉を削り、機能を考えて使うことが大切です。

（松下　翔）

※参考文献：『発問上達法』（大西忠治、民衆社）

Column

保護者に喜ばれる読書感想文指導

夏休みや冬休み、本を用意して読み、読書感想文を書いたり、絵の具セットを準備して読書感想画を描いたり……。保護者の方のことを考えると、それだけでイライラの種になるなと思ったことがありました。そもそも、お家で一人で読書感想文を書いたり読書感想画を描いたりできるように学校で十分に指導できているのかどうか。振り返ったときに、十分にはできていないと感じたことから、休みの前に学校でやってしまおうと考えたのがここで紹介する読書感想文指導です。次のような流れで、夏休み前に学校で指導をしています。

二〇二三年の課題図書の一つである『よるのあいだに…　みんなをささえるはたらく人たち』（ポリー・フェイバー 文、ハリエット・ボブデイ 絵、中井はるの訳、BL出版）を例にします。

　私たちが寝ている夜に、様々なたくさんの人が働いています。子どもたちが寝ている時間帯で普段目にすることの少ない、夜間に働く人たちの仕事を知ることができる内容です。
①（課題図書の中から本を選び、）読み聞かせを行う。
②その後、話の内容を確認して、子どもたちが考えたことを白い紙に書き出させる。
③書き出したことを発表させる。
——感想文は、初めて知った「よるのおしごと」や、知っていた「よるのおしごと」について書いていているものがほとんどです。（この感想で十分です。）
④黒板に穴埋めの例文を示す。もちろん子どもたちが自分で書いてもよい。
　このときは、【『よるのあいだに…』の絵本を読んで、考えたことは、（　　　）です。】と見本文を書きました。白い紙に書いたことや、みんなの発表を聞いて考えたことを追加してもよいというルールです。

　ある男の子は、ごみ置き場から物音がするということで警察官の人たちが駆けつけたらきつねの親子がいて、えさを探していたという場面を取り上げて、感想文に書いていました。それは次のような感想でした。

> きつねのお母さんの「よるのおしごと」は、あんぜんに夜に子どもにえさをあげることだとはじめて知りました。

絵本には描かれていないきつねのお母さんの側に立って、「よるのおしごと」を見つけたのです。このように違う角度からも物を見て、考えることができました。はじめから見つけていたかもしれませんが、学級で読書感想文指導を行ったからだと感じています。

子どもたちが本を読んだ感想をのびのびと書きまとめる、保護者の方々が子どもの成長を見ることも期待できて喜ばれる読書感想文指導、いかがですか。

（田上尚美）

できる教師の関係づくりの指導技術

Chapter 3

教師が「行く」

私の授業や休み時間の様子を見てくれた同僚たちに、「千原先生は、（子どもを呼ばずに）先生が子どものところに行きますね」と言われることがたびたびあります。自分では気づいていなかったのですが、「ああ、無意識の習慣になっているのだな」とうれしく思いました。

それは、ずっと前に、先輩の先生に教えていただいたことがあるのです。

「しんどい子のところに行けよ」と。

授業中は机間指導を何度もします。困っている子はいないかな、手が止まっている子はいないかな――常にぐるぐる回って確かめます。そしてその場にしゃがみ、そっとアドバイスをします。算数であれば一緒に問題を解きます。子どもと目線の高さを合わせて一緒に考えます。

作文指導では、先生のそばで一緒に書かせた方がいい子がいる場合もあります。

そんなときは、その子に「先生のところで一緒に書こうね」と耳打ちしておいてから、全体に声をかけます。

「先生と一緒に書きたいな、と思う子はここにおいで」

こうすれば、特別感は出ずに、どうするかは子どもが選べることになります。一人、二人が喜んでやってきます。約束していた子も安心して来ることができます。

また、注意したいことがあるときにも、先生のところに呼びつけることは極力しないようにしています。

そばに行って話をしたり、一緒に別の場所に行って話をしたりするようにしています。他の子どもの前でわざわざ注意される姿を見られるのはつらいものだからです。「あの子、また叱られているな」など、余計な固定観念を植えつけることはしたくないものです。

提出物が出ていない子がいたときも、私がその子のところに行きます。そんなとき、机の中が整頓されていないことも多いので、一緒に片付けながら、「プリントは、このファイルに必ず入れようね」など、片付け方も教えます。一石二鳥です。

（千原まゆみ）

その子だけの輝きを書きためる

子どもたちみんなに〈キラリ〉があります。森川先生が子どもたちとの日々の出来事「笑顔になれるエピソード」を書きためておられることを知り、私も書きためていくこととしました。担任だからこそ見つけることができるエピソードは多いです。

この書きためたエピソードは次の三つの活用例があります。どれも活用することで子どもたちのことを知ることができます。

「保護者の方や学校の先生方と、子どもたちの〝かわいさ〟を共有する」
「所見に生かす」
「次年度の引き継ぎで話す」――これは、新年度に、過去同じ学年を担任していた頃のエピソードを読み返してその学年とはどんな学年だったかを思い出すという活用の仕方です。

書きためる瞬間は、いつも突然おとずれます。

①付箋に子どもの名前（イニシャル）と単語とでメモ。

→誕生日が6.18／TTも同じ／世の中で自分だけと思っていた／当たり前はない
②帰宅途中、携帯電話のメモ機能に一日を振り返りながら出来事を文章化して保存。
③一週間に一回程度、パソコンにまとめて記録。

次が実際のエピソードです。

> 自己紹介カードを書きました。なんと6月18日が誕生日の子がいました。「先生も6月18日だよ」と言うと、「?」という反応でした。よくよく話を聞いてみると、その子は、世の中で6月18日が誕生日なのは自分だけと思っていたそうです。びっくりしたというか、子どもたちにとって、「当たり前はないな」ということを改めて感じさせられました。そして、当たり前のことが当たり前だと思えていなかったことを知ったとき、（今回のようなとき）決してスルーせず、新しいことを知るタイミングに出会えたことを喜べる教師でありたいです。

二〇一三年から始めたメモも、二〇二四年三月時点で一二九八エピソードになっています。どの「笑顔になれるエピソード」も、読み返すと元気をもらえます。そしてやっぱり教師という仕事はすばらしいと思います。みなさんもぜひ！

（田上尚美）

「困った子は困っている子」と考える

クラスに「困った子」はいませんか。私のクラスにも毎年います。私が出会ったある校長先生から、素敵な言葉をいただきました。それが「困った子は困っている子」です。

このような子に、何と言えば心に届けられるかを考えています。その言葉を見つけることを楽しみながら毎日を過ごすのです。

これまで出会ってきた「困っている子」が共通してよく言う言葉が、「めんどくさい」です。「めんどくさい」――なぜこの言葉ができたのかとふと思い、調べました。諸説ありますが、「めんどう」は「面倒」で、「ほめる」「感心する」などの意味を表す動詞「めでる」や、地方の幼児が物をもらうときに手を差し出しながら言う感謝の言葉が語源だと知りました。そこからどうして現在のような意味になってしまったかというと、先ほどの物をもらうときの「恥ずかしい」「決まりが悪い」という感情だけが残ってしまったからだそうです。

さらに、「脳はもともとめんどくさがり」ということを書籍（『「めんどくさい」がなくなる脳』加藤俊徳、SBクリエイティブ）で読みました。めんどくさいにはいろいろなタイプがあることや、どう対処したらいいかが論理的に書かれている書籍で、子どもたちと接するとき、ほんの少しですが、心に余裕をもって接することができるようになりました。

この書籍を読んでしばらくしてから、ちょうど「めんどくさい」と連絡帳を書いたり書かなかったりの野球少年がいました。ある日、「書きや！」と声をかけると、「頭の中のメモに書いています」と返事しました。その言葉を誰に聞いたのか聞くと、「イチロー」と答えながら、いつも読んでいるイチローの書籍の一ページを開いて見せてくれました。

ある日、朝来るなり、「連絡帳を学校に忘れて、宿題が思い出せなくてできなかった」と言いました。私は「あなたは、イチローではないから、連絡帳を書きます」と言いました。彼は連絡帳を書き始めました。

このような場合、「めんどくさい」と口では発していても、実は字を書くことに何らかの不安や困難を抱えていることがあるかもしれません。子どもたちにとって、「困っている内容」は様々です。教師からの目線で、「困った子だなぁ」と一括りにしてしまうのではなく、「困っているからいろいろな行動に出てしまうのだな」と考える余裕をもちたいですね。

いつも心に、「困った子は困っている子」の言葉を置きたいと思います。


（田上尚美）

しんどい子は細やかにサポートする

学習で困っている子どもは、自分の困っていることを周りに知られるのを、とてもいやがる場合があります。それだけたくさん自信をなくしてきている……ということの表れかもしれません。そういう子たちをサポートするときに気をつけていることを挙げてみます。

①近づくときはさりげなく

近づくときの気配は重要です。先生が他の子のところには行かないのに、自分のところだけに来た……ということでびくっとして、ノートを隠そうとするような子もいます。だから、できるだけさりげなく。例えるならば、**喫茶店でお水を入れて回る人みたいな感じ**です。できている子にも、そうでない子にもフラットに近づきます。「なるほど。そうやって解いたんだね」「ものさしで線を引こうね」など、いろいろな子に声をかけるようにして、「自分だけ」という警戒心を解くようにします。

②今できているところを声に出して伝える

「お、式を書いてみたんだ」「すごい！　もう三番まで終わっている」

かけ算なのにたし算の式にしてしまっていたとしても、三問とも間違えていたとしても、「式を書いた」「計算した」という事実はあるので、まずそのことを認めます。

その上で「計算もしたんだ。いくつになった？」「七個ね、あー、そうか……」「でも、あれ？　三人の子が四個ずつ持っているということは、七個だったら足りないかな？」「絵で描いてみたらどうなる？」などとできるだけ明るいトーンで（周りの子にはあまり聞こえないくらいの声で）、子どもが自分で間違いに気づけるようなヒントを出していきます。子どもが「あ、そうか！」という顔になったら、またその子が考える時間をもてるように立ち去ります。

③消しゴムは必需品

間違う子は、直すことをとてもいやがります。特に筆算などをせっかくやったのに「違う」と言われると、「もういい、やらない」ということにもなりかねません。

そこで、間違いを見つけたら「これさ、めっちゃおしいところで間違えているから、ここから下のところだけ消してもいい？」などと聞いてみます。「いいよ」と言ってくれたら、合っているところは慎重に残し、それ以外の部分をきれいに消してもう一度やってもらいます。漢字などで間違いを見つけたときも、**間違えている一部だけを消し、合っているところは残します**。なんということのない行動ですが、**あなたの合っている部分は尊重しているよ……、面倒なところは手伝うよ……というメッセージ**になると思います。

④代わりにやる……もあり

「ここ消していい？」と聞いたときに「いやや、もういい」と言われることもあります。そういうときは「じゃあ、先生が筆算やるわ。ここに書いてもいい？」などと提案してみます。代わりにやってあげると言うと「え、ほんとに？」という感じで受け入れてくれる子もいます。書きながら「先生が間違えないように見ててな。5×8は……何やった？（答えてくれるかどうか反応を見ながら）あ、40ね……」というように続けます。

わざと一の位を空位にするのを忘れたふりをして、子どもが気づくかどうか試すこともあります。気づいたら「おお、ありがとう！　間違えてた。よく見ていたね」とお礼を言います。先生がやるって言ったくせに、頼りないなぁ……と思ってもらえたら成功です。

いつもこんなことをするわけではありませんが、たまにこんなことをしながら関係を結んでおくことで、心がちょっとほぐれるような、そんな役目が果たせたらと思っています。

とはいえ、学級担任で全体を見なければならないときに、一人ずつにここまで細かい配慮はできないというのも実状です。でも、ふとしたときに出る、先生のこういう子どもたちへの対応をきっと見ている子どもたちがいます。

だからこそ、どんな子どもにも寄り添う気持ちを持ち続けることが、間違えてもできていなくても大丈夫だよと関わることが、誰もが温かくいられる教室をつくることにつながるのではないかと思います。

（山岡真紀）

子どもが間違った事実をもとに周囲に相談する

「おれの中に、時計の読める神様、入ってきた！」

初めて時計が読めるようになったときに、通級で指導している子が言った言葉です。

まず短い針の横に小さく目を描き、おじいさんに見立てて「じいちゃん」（時なので）、長い針を「分ちゃん」と名付けて見分けるところから始めました。そして、5とびで数を言う練習をしました。小さい目盛りは線を数えてしまうので、線と線の間に小さい丸を書いて数えるようにしました。時計は「分」から教えるのが大切ということを守って、何度も練習したら読めるようになりました。よっぽどうれしかったのでしょう、そこで冒頭の言葉が出たのです。（時計の指導についての詳細は「NPO法人 なんとなくわかる教育研究所」[https://nanto79.exblog.jp] 参照）

教室の中には、いろいろなつまずきをもった子どもがいます。これまでに何度もつまずいてきた子は、挑戦する前から「どうせできない」「やりたくない」とあきらめているように見えることもあります。みんなと同じやり方や、同じ速さでできないこともあります。

でも、そんな子どもたちにも必ず成長する方法、できるようになるための道筋があります。特別支援教育の中でこれまで研究されてきたことの中には、そういう子どもを見取り、楽しく力を育む技がたくさんあることを、通級指導の担当をするようになって知りました。学級担任をする上で役立つこともたくさんあります。

だから、子どもたちが間違えているとき、つまずいているときには、ぜひ周りの先生に相談してほしいのです。他の先生に何を相談していいのかわからない……という駆け出しの先生の悩みを聞いたことがありますが、子どもの間違いであれば、とても具体的なので相談しやすいはずです。

・繰り下がりの問題で大きい方から小さい方を引いてしまう
・約数と倍数の意味が混じってしまう
・分配法則がどうしても理解できない

そんな相談をすることで、「どんな方法でならできるようになるのだろうか」「こんな教え方をしたことがある」と話し合うことは、子ども、自分、そして周りの先生の誰にとっても役立つものとなります。

私たちの仕事で〝神様〟を生み出すことができるなんて、素敵ではないですか。

（山岡真紀）

管理職への相談は「型」を使う

保護者からドキッとするような内容の連絡帳が届いたときには、すぐにコピーをとります。管理職に相談する際は、コピーを見せながら「返事としては、『放課後、お電話させていただきます』と書こうと思うのですが、いかがでしょうか」と伝えます。

そして、放課後、「朝、お見せした連絡帳ですが、お電話で○○と伝えようと思うのですが、いかがでしょうか」と伝えます。

ここでのポイントは、**「○○しようと思うのですが、いかがでしょうか」**という「型」を使うことです。

この「型」のよさは、自分の考えを提示した上で、管理職の判断を仰ぐことができることです。「自分の考え」は合っているかどうかが重要なのではなく、自分の考えをもつことができているかどうかが重要なのです。

すると管理職からは、「○○に、□□を付け加えたら、保護者の方も安心されると思います」と、アドバイスをもらうことができます。また、「○○という考え方はとても大切ですが、保護者の困り感を十分聞いた上で伝えることが大切です」と、より具体的な伝え方を教えてもらえることもあります。
管理職の話を聞いた後、「ご指導くださり、ありがとうございました。あとで報告に参ります」と伝えることで、その後の展開がうまくいかなかったときにも、一人で抱え込むことはありません。
保護者との電話が終わった後、「保護者の方の困り感は□□でしたので、継続的に児童の様子を伝えていくことを約束しました。○○についてもご理解をいただくことができました」と報告します。

このように、自分の考えを提示した上でもらえるアドバイスは、自身の力になり、同じような場面に遭遇した際には自分の考えとして使えるようになります。「型」を使いこなして対応力をつけていきましょう。

（徳田達郎）

「一筆箋」でメッセージを送る

一筆箋は、教師にとっても子どもにとっても保護者にとってもハッピーになれるツールです。

私は、子どもが誰かのために動いている瞬間を見つけると、一筆箋に書きます。これを連絡帳にマスキングテープで貼ります。連絡帳に貼っておくと、子どもが開いたときに見て、喜んでいます。お家の方の目にもとまります。

気をつけるのは、「どの子ももらえる」ようにすることです。先生からのメッセージがもらえなかった子がいるとよくないので、全員がもらえるシステムをつくっておくことが大切です。「その日の日直に必ず渡すようにする」「出席番号順に渡す」などルーティンになるようにしてみましたが、今の私は、「見つけたときにどんどん書く」ようにしています。最低限、どの子がもらっているかはチェックしていますが、一年間のトータルでみんながもらえるようにしました。先生が続けられるシステムにしておかないと、続けるのは難しいものです。そのために次のような手立てをとっています。

①ちょっと止まって、教室の様子を見渡す

掃除の時間、給食の時間など、子どもたちが動いている時間は、担任の先生も一緒に作業しているのが普通ですが、この時間、一瞬だけ立ち止まって教室の様子を観察します。すると、子どもの素敵な姿が見えてくるのです。「こっちに配ってあげて」「こっちの掃除するよ」と声かけしている子、黙々と一生懸命やっている子などが見えてきます。

②一人を見続ける一日をつくる

この子はまだ渡していない、という子がいると、その子のことを見る日を設けます。休み時間や授業の様子を注意して見ていると、その子のがんばっているところが見えてきます。

③グッズを変える

百均へ行く機会があると、一筆箋やマスキングテープのコーナーをよく見ます。新しいものや子どもが気に入りそうなデザインのものがあると買っておきます。アイテムを変えると使いたくなるのです。先生が気分を変えることも、続けるのに大事な要素です。

（松下　翔）

個人面談ではたった一つのことを伝える

個人面談に際して、「あの子のお家の方が来たら、あのこと、このこと……」といろいろ考える先生は多いのではないでしょうか。でも「あの子」のお家の方も、「あのこと、このこと言われるんちゃうかな」と思っておられるかもしれません。お家の方も構えている可能性があります。

だから、まず来校していただけただけで感謝しましょう。来校された場合はそれだけでよかったな、と私は思うようにしています。そして、ここで毎日書きためている「笑顔になれるエピソード」の中から、〈これ！〉という、とっておきのものを交えてたくさん、あの子の学校での姿をお家の方に話します。（学校のことは、子どもたちは家へ帰って積極的には話さないようです。そこで、担任だから見つけられた「笑顔になれるエピソード」を話すと、そんな一面が我が子に……と、とても驚かれます。）

また、どんな子に関しても「これだけは伝えないといけない話」はあります。たくさん伝えたい子もいると思いますが、一つだけに絞ります。たくさん伝えるとしてもいいエピソードの方にしましょう。そうすると、お家の方も、心を開いて話を聞いてくださいます。また、関連することや困っておられることを話してくださることもあります。そうなったときに話したいだけ話していただけるように、次の面談の枠は空けておくと、こちらもゆったりとした気持ちで話を聞くことができます。

子どもたちのだめなところを掘り下げるのではなく、明日からまた、前向きに成長していけるような時間となる個人面談を目指したいものです。

（田上尚美）

家庭訪問では名前の由来を聞く

最近では家庭訪問ではなく、家の場所の確認だけの学校が多くなってきましたが、私が一年生の担任として家庭訪問を行ったときに必ず聞くことがありました。それは、「お子さんはなぜそのお名前にされたのですか？」です。（突然お聞きするのではなく、学年だよりで事前に許可をいただいておきます。）

お返事は、おおよそ二通りに分かれることがわかりました。「こんな子に育ってほしい、とお家の方の願いが込められている」ケースと、「産まれたときの様子から名前がつけられている」ケースです。名前の由来について穏やかな口調で話してくださったり、時には涙を浮かべながら話してくださったりしました。

名前の由来をお聞きすると、より一層、お家の方が願われていることに一歩でも近づくようにと思いながら毎日子どもたちと接することができるようになります。

「建」という漢字が名前にある男の子がいました。名前の由来をお聞きすると、「時代を築くことができる子になってほしいからです」と教えてくださいました。お家の方の願いを知ることができたので、一年生ですが意図的に、みんなの前に立ってみんなをまとめたり、みんなを先導したりする役割を与えました。みんなの様子を見ながらよく通る声で言うことができていました。もともとは積極的にみんなの前に立つ子ではなかったのですが、任せてみて、新たな発見でした。やはり願えば叶うのだなと感じました。

また、お父さんが昔の侍の名前からつけてくれたという子どももいました。お父さんは歴史に詳しい方なのだとわかりましたし、はっきりとした〈こんな子になってほしい〉をもうすでにお持ちなんだなと知ることができました。（三人兄弟でしたが、全員歴史に関係する名前だということもあとでわかりました。）

個人名なので配慮は必要ですが、**学校と家庭の両輪で、同じ思いで子どもにどう接するといいのか**がわかります。みなさんもぜひ名前の由来を何かの機会に聞いてみてはいかがでしょうか。

（田上尚美）

できる教師の
仕事の技術

Chapter 4

宿題は、一時間目開始までに見終える

漢字ノート等の宿題をいつ、どのように見ますか。

朝、教室に入り、ランドセルを片付けた子から、宿題を提出します。

私は、「宿題はここに出しましょう」というカゴを用意しません。

教壇で、子どもたちが宿題を提出するのを待っています。そして、提出した子の目の前で漢字ノートを見ます。

「Aさん、今日も丁寧だね！」「Bさん、（一つ指さして）この文字が上手！」

「Cさん、力強い文字です！」「Dさん、一発合格！」

漢字ノートの左下に評定を書いて終了。一人につき、五秒程度で終わります。

何のために、提出した子の前で漢字ノートを見るのか。その目的が大切です。

①名前を呼ぶため

私は、一日のうちで、一人残らず、学級全員の子どもの名前を呼ぶことを心がけています。宿題チェックは名前を呼んで声をかける絶好の機会なのです。

②緊張場面をつくるため

自分のノートが目の前で評定されるときの緊張感。この緊張感こそが成長の機会です。一発合格だったときの喜びの声。一か所だけ直しがあったときの悔しそうな声。緊張場面だからこそ生まれる声なのです。

③「直し」がすぐできるため

黒板には、間違いやすいポイントを書いておきます。子どもはそれを見ながら、すぐに直しに取りかかります。

こうして、一時間目が始まる前には、ほぼ全員の漢字ノートがそろいます。

時々、「全員立ちましょう。名前を呼んだ人から返事をして座ります」とすると、提出を忘れていた子が慌ててノートを出します。こうして全員のノート提出が完了します。

（徳田達郎）

授業を充実させるための時短

教師の働き方改革が様々な場所で叫ばれています。では、働き方を改革することで、何を充実させたいのでしょう。日々の仕事、プライベートなど、先生の数だけ様々でしょうが、私の答えは、〈授業を充実させたい〉、この一点です。

担任、児童支援、専任教諭など、それぞれの立場で日々奮闘していても、共通することは授業です。授業を充実させるために、時短をするのです。

本屋さんに行けば、たくさんの時短術の本が並んでいますが、ここではおすすめの時短術を紹介します。

時短術① 素早い対応で生徒指導を減らす

生徒指導が後手に回ると、大変な時間を要します。休み時間、放課後、勤務時間が終わっても、保護者対応などが発生します。大事なのは、トラブルがあったら、すぐに対応することです。後々になればなるほど、曖昧な指導になります。先輩の先生はいつも、トラブルがあればすぐに家庭訪問に行っていました。〈そして、その先生のすごいのは、駆け出しの先生のクラスの子どもであっても、一緒に家庭訪問へ行っていたことです。）できるだけ早くトラブルに対応しましょう。時には、先輩の先生にも協力してもらいましょう。

時短術② 一人で抱えない

アンケート、会議や研究協議会の議事録など、まとめる文書はＡＩに任せましょう。ChatGPT は非常に便利です。また、会議の文字起こしなども文字起こしアプリと組み合わせます。出力した後、少し自分の言葉を入れれば完了です。

教室の片付けや掲示物などは、クラスの子どもたちと一緒に行います。そうすればクラスの子どもとの会話も増えますし、価値づけることもできて、所見の参考にもなるからです。まさに一石三鳥です。

（藤原　薫）

床のごみが見える目を育てる

教師になってまだ間もない頃、研究授業を見に来られていた先生が、授業検討会もすべて終わった後に、そっと私に言った言葉です。

「これから先、床のごみが見えるようになったら成長している証《あかし》だね」

この言葉を聞いて、びっくりしました。なぜって、本気で私には床のごみが見えていなかったからです。授業のことで精いっぱいで、とてもそんなことに頭が回らなかったのです。他の先生も来られるというのにごみが残ったままでいたなんて、今から思えばとても残念な状況です。

もし、このとき「ごみくらい拾っておきなさいよ」「きれいにしておかないといけない」と言われていたら、恥ずかしい思いをしただけだったかもしれません。

でも、そうではなく「見えるようになったら成長の証」という言い方をしてくださったことで、この言葉は私にとって、とても大切なものとなりました。

理由の一つ目は、「見えることだけでも成長なのだ」と気づかせてもらったこと。

このとき以来、教室でごみを見つけるたびに「私、成長しているな」と思えるようになりました。もちろんごみがなくなることがゴールでしょうが、まず気づくことがなければ、それに対応することはできません。このことは「ノートが書けていない子がいるな」「一部の子だけが発表しているな」など、他のどんなことにも通じることだと思います。

教師という仕事の成長は、なかなかはかれるものではありません。努力すれば報われるとは限らないし、次々と新たな課題が出てきたりもします。だからこそ、見えるようになった一歩だけでも「成長」と捉える考え方は、自分を認める上でも大切だと思います。

二つ目は、「成長の証」という言葉には「相手の成長を信じる気持ち」が含まれていて、人を動かすことを実感できたこと。

私にとっての「ごみが見えること」のように、その人にとって、**次に目指すべき小さな一歩を示すことは、見えない成長を信じているという大きなメッセージ**になると思います。

願わくは、周りの先生たちにも、子どもたちにもそんな見方で、そんな伝え方ができるようになればと思います。

（山岡真紀）

他の先生の本棚を覗く

突然ですが、みなさんにとって本はどのような存在ですか？

私は、ことに教育に関する本は、自分の「援軍」だと思っています。インターネットなどでいろいろな情報を集めたり参考にしたりすることももちろんありますが、そういう情報は、いわば時々出会う知り合い……という感じです。

「援軍」というからには、数だけあればいいというものではありません。できれば自分に寄り添い、力を与えてくれるものであってほしい。

でも、世の中にはたくさんの本があり、そして教育書も山ほどあります。その中から自分に合う「援軍」をどうやって見つけていくか、これは難しいところです。

おすすめする方法の一つが、単純ですが「身近な先生が机上に立てている本」を覗くこと。数ある本の中でも職員室に置いてある本は、その人が購入していて、しかも活用回数が多いということです。ですので、使える本である可能性が非常に高いです。付箋がはさんであるような本なら、さらに期待が高まります。

つまり、他の人の「援軍」がどういうものか偵察するわけですね。気安い先生であれば

「その本、見せてもらってもいいですか」と声をかけてみるのもいいと思います。「ここが役に立ったよ」など具体的なアドバイスをもらえるかもしれません。

可能であれば一週間ぐらい借りてみるのもいいでしょう。（借りっぱなしにはしません。なぜって、相手の人にとっても「援軍」のはずだからです。）返したくない……と思う本であれば即購入します。

借りられないときは、書名を覚えておいて本屋さんで探すのもおすすめです。本はどんどん新しいものが出版されるので、近くの棚に、同じような内容でさらに新しい、興味のわくようなものが見つけられるというのも、実はよくあることです。

本のいいところは、相手の「援軍」を減らすことなく、自分の「援軍」を増やすことができることです。だから大いに他の人を参考にしていきましょう。そうすれば本屋さんで選ぶときの目も養われていきます。

元気がないときにはあの本がエネルギーを与えてくれる、何かネタに困ったときにはこの本を見ればなんとかなる……**そんな「援軍」がいつでもどこでも自分を待ってくれているという安心感は必ず自分を支えてくれます。**そう思うと、本を選ぶのがワクワクしてきませんか。

（山岡真紀）

時には凹む

仕事をしていると、凹むことはあります。授業、学級経営、保護者対応……たくさんの仕事を行う中で、私もたくさん凹むことがあります。

毎回凹んでいたらメンタルがもちません。ですが、時に凹むのはいい、というお話です。それは〈上には上がいる〉という悔しい気持ちに立つという凹みです。

私が学んでいる「教師塾あまから」に集う方々のレジュメがすごいのです。すべて子どもの事実に基づいているから説得力があります。そこにはオリジナリティがあふれている実践がたくさんあります。

最近では、クリニックと称して各自が提出した三分の動画をみんなで見て、最後に森川先生からご講評をいただくということも行っています。これが本当に授業エントリーしてよかったと思う時間なのです。三分の動画を持ってきただけなのに、実に多くの学びがあります。「くそ〜！」「悔しい！」参加されているみなさんをはじめ、森川先生のコメントには愛があり、改善点を示してくれます。

その帰り道、凹んで帰ります。「みんなすごいなぁ」「おれなんて、まだまだだ」と。だけど、そうすることが次の学びのエネルギーになります。だから、凹むことはなにも悪いことだけではないのです。

凹むときに一つだけ、しないと心に決めていることがあります。

それは、**子どものせいにしない**ということ。

先日、とある研究発表会に行きました。六年生の授業を拝見したのですが、子どもたちが自分の意見を堂々と話し、自分の言葉で表現します。子どもたちが育っているなと感心していました。すると、授業が終わって、観覧していた先生の話し声が聞こえてきました。「一回でもこんな子どもたちと授業してみたい。あの子ら（自分のクラス）、全然しゃべらないから」――全然しゃべらないのは、子どものせいでしょうか。きっと、その先生はどのクラスを持っても、常に子どものせいにするのかなと思いました。

子どもたちは明日も明後日も学校へ来てくれます。ですが、「当たり前のように学校に来てくれること」にあぐらをかいてはいけません。もし、授業が楽しくなければ学校に来なくてもいい――そんなことになったら？　だからこそ、時に凹み、それを学ぶエネルギーに変えるのです。それがきっと子どもたちの笑顔につながります。

（藤原　薫）

ずぶぬれでも駆け抜ける

来年から先生になる、という人がいたら、いつも伝える言葉です。
「きっとずぶぬれになるよ。でも駆け抜けてね。ぬれて初めてわかることがあるから。そして、一生懸命でぬれていることに気づかないことが駆け出しの頃の強みだよ」と。

SNSの中では、「駆け出しの先生でも失敗しない方法」があふれています。もちろん、要らぬ失敗はしないに越したことはありませんが、何年も経験している先生でも避けられないことがあるのがこの仕事です。

学級崩壊をさせないために、保護者ともめないために、こんなふうにした方がいい……わかっているけれどできないことが山ほどあります。まじめな先生ほど、そうできない自分を責めて心を痛めたり、時には自信をなくして辞めてしまったりするのを見てきました。

雨が降るのを止めることができないように、いろいろなことが起きるのをなくすことはできません。でも雨にぬれてこそ、傘をさしたり、ぬれたときの対策ができたりすることもあるのではないかな……とも思うのです。

自分自身を振り返ると、どうしてもクラスがうまくいかなくなって、教頭先生に入り込んでもらいながら、なんとか担任を続けた年もありました。助けてもらってしか、教室を維持できない――とても情けない気持ちの日々でしたが、あのとき辞めなくて本当によかったと、今では思っています。もがいてもどうしてもだめなときは、第三者が入ることで安定することもあるのです。経験年数が増えてからは、逆に私が教室に入り込んで、先生たちを助ける側にもなっています。

してもらったことがあれば、これからまた次の人に返していけばいい。

雨だろうが晴れだろうが、その時々に見えている景色には必ず意味がある。

せっかくの教師という仕事、うまくやろうなんて思いすぎないで、長い道のりの中で自分にとって心地よい方法を見つけていってほしいなと思います。

（山岡真紀）

学びの日常サイクルをつくりあげる

子どもたちの前に立つ存在として我々教師もまた、常に学び続ける存在でなければなりません。自分もまた学ぶからこそ、学びの楽しさ、苦しさも、それらをすべて包括した魅力も語れるわけです。

とはいえ、その都度自分を学びの場に置き続けるというのはなかなか難しいもの。

それなら、もう学びを日常生活のサイクルに入れてしまえばいい。例えば、私は日々授業記録を書いたり、実践をインスタグラムのライブで発信したりしているのですが、それらは生活のサイクルの中に入れ込んでいます。

授業記録（※1）は主に、帰りの車の中で録音して残しています。もちろん、専科の授業のときなど空き時間に書いてしまうことも多いのですが、通勤中の車の中なら必ずその機会はおとずれます。帰るまでの時間を有効活用して授業記録を残せるのです。

インスタライブ（※2）は、自分の今行っている実践を発信することでその都度整理することができますし、全国の先生とつながることもできて私自身の学びも多いのです。

こちらも、タイトルを決め、毎週日曜日の夜に行う、としてからは、生活の中のサイクルに組み込まれたので安定して続けられますし、意識せずに続けることができています。

加えて、「本は寝る前に少しでも読む」とか、「散歩しながらアイデアをメモする」などを生活の中に組み込むことで習慣化され、それが「学びのサイクル」として自分をブラッシュアップすることに機能していると実感します。

教師自身が学びの背中を見せること。それはとても大切なことです。見せるというよりも、学んでいるとそれは子どもたちに伝わるものです。「先生、楽しそうに授業しているな」とか、「先生、勢いがあるな」という形で……。

学びを楽しみ、それを続けていけるような自分でいたいですね。


あ、インスタライブ、皆と温かい時間を過ごしませんか。ぜひご参加ください！

※1：拙著『授業の質を上げる超一流教師のすごいメモ』（明治図書）に詳しい。
※2：「日曜の夜はコトバのサプリ！　インスタライブで授業を語る」毎週日曜日夜九時ごろから開催している。

（森川正樹）

【執筆者一覧】（執筆順）

森川正樹	関西学院初等部
千原まゆみ	西宮市立夙川小学校
田上尚美	大阪市立城北小学校
中西　毅	関西学院初等部
藤原　薫	西宮市立深津小学校
徳田達郎	兵庫県公立小学校
茨木　泉	西宮市立深津小学校
鷹野智香	西宮市立南甲子園小学校
松下　翔	前芦屋市立岩園小学校
山岡真紀	大阪府公立小学校

【編著者紹介】

森川　正樹（もりかわ　まさき）

兵庫教育大学大学院言語系教育分野（国語）修了，学校教育学修士，関西学院初等部教諭。令和６年度版東京書籍小学校国語教科書編集委員会所属。教師の詳細辞典セミナー講師，全国大学国語教育学会会員，教師塾「あまから」代表。

著書に，『授業の質を上げる超一流教師のすごいメモ』『どの子も書きまくる！作文指導アイデア』『どの子も書きまくる！日記指導アイデア』『できる先生が実はやっている 授業づくり77の習慣』（以上，明治図書），『小学生の究極の自学ノート図鑑』（小学館），『秒で刺さって子どもが動く！「教室コトバ」のつくり方』『子どもの思考がぐんぐん深まる 教師のすごい！書く指導』（以上，東洋館出版社），『熱中授業をつくる！子どもの思考をゆさぶる授業づくりの技術』（学陽書房）他，教育雑誌連載，掲載多数。

教師のためのスケジュールブック『ティーチャーズログ・ノート』（フォーラム・A）のプロデュースをつとめる。

【著者紹介】

教師塾「あまから」

教師は「授業」で勝負したい，という志を同じくする者が集まり，月に一度，神戸元町のカフェ「WARP8」に集まって授業検討，学級経営の話などを交流している。参加希望は「森川正樹の“教師の笑顔向上”ブログ」(https://ameblo.jp/kyousiegao/）参照。

こうすれば日常が輝く！スキル＆ハック
できる教師の指導技術大全

2024年８月初版第１刷刊　©編著者　森　川　正　樹
著　者　教師塾「あまから」
発行者　藤　原　光　政
発行所　明治図書出版株式会社
http://www.meijitosho.co.jp
（企画）林　知里（校正）西浦実夏
〒114-0023　東京都北区滝野川7-46-1
振替00160-5-151318　電話03(5907)6703
ご注文窓口　電話03(5907)6668

＊検印省略　組版所　長野印刷商工株式会社

Printed in Japan　ISBN978-4-18-209925-0